F #* % ESTOY OCUPADO

EDICIÓN DEL LIBRO DE COLOREAR DE ALIVIO DE LA TENSIÓN

Coloring Bandit

Publicado por Speedy Publishing Canada Limited

COLORING BANDIT

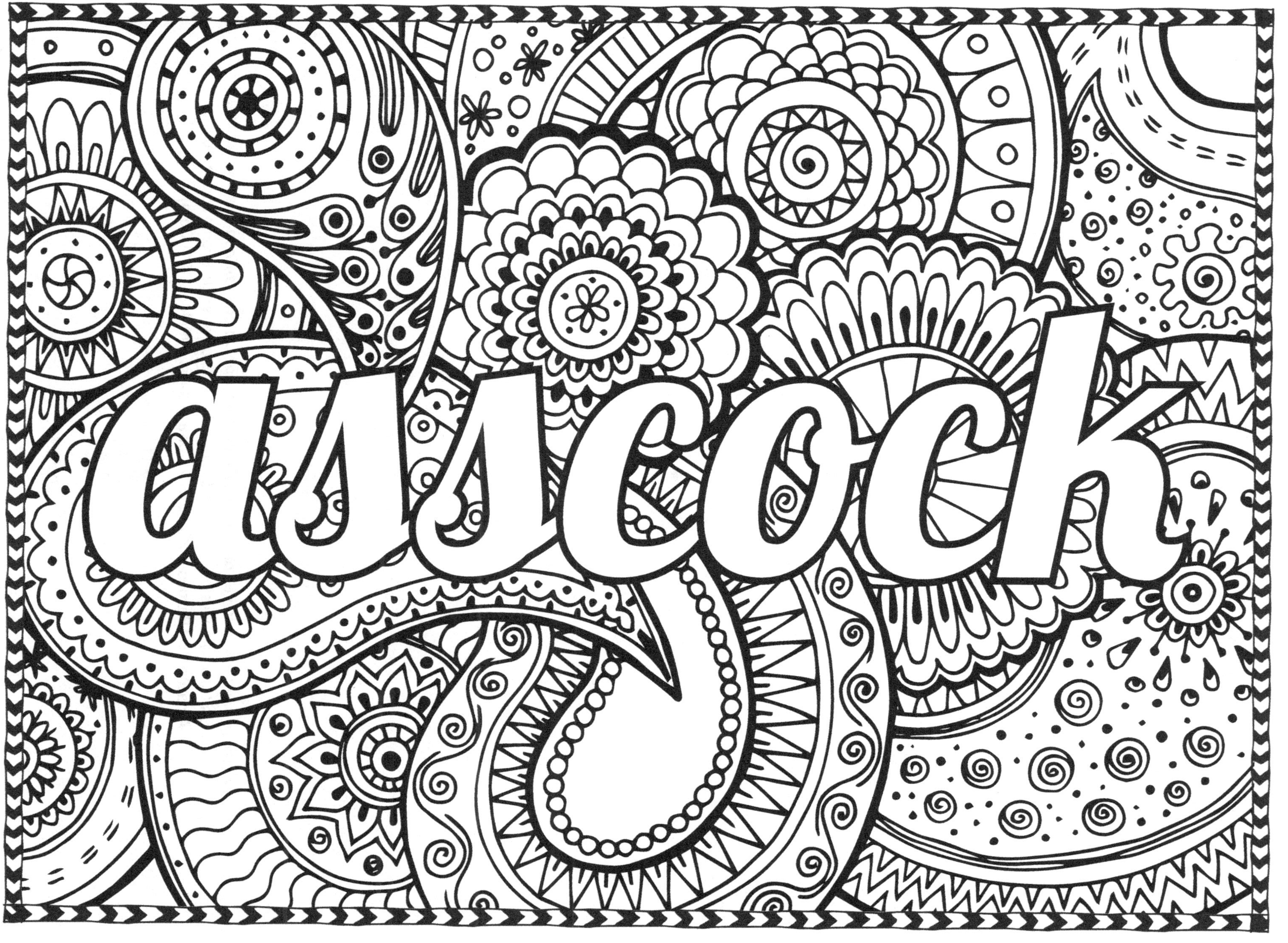
asscock

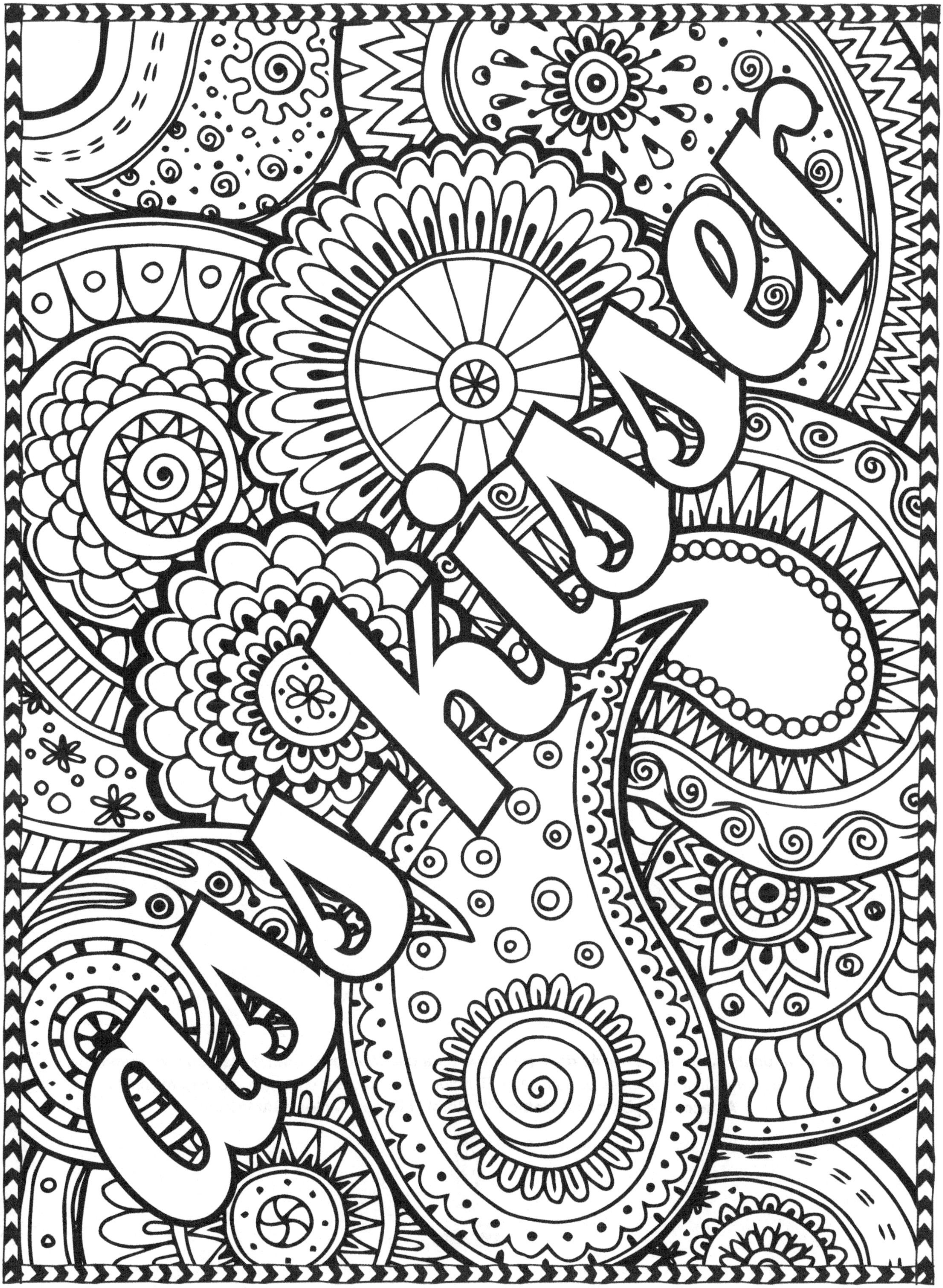
ass-kisser

Se trata de un sangrado a través de la página si está usando un colorante marcador o pluma!

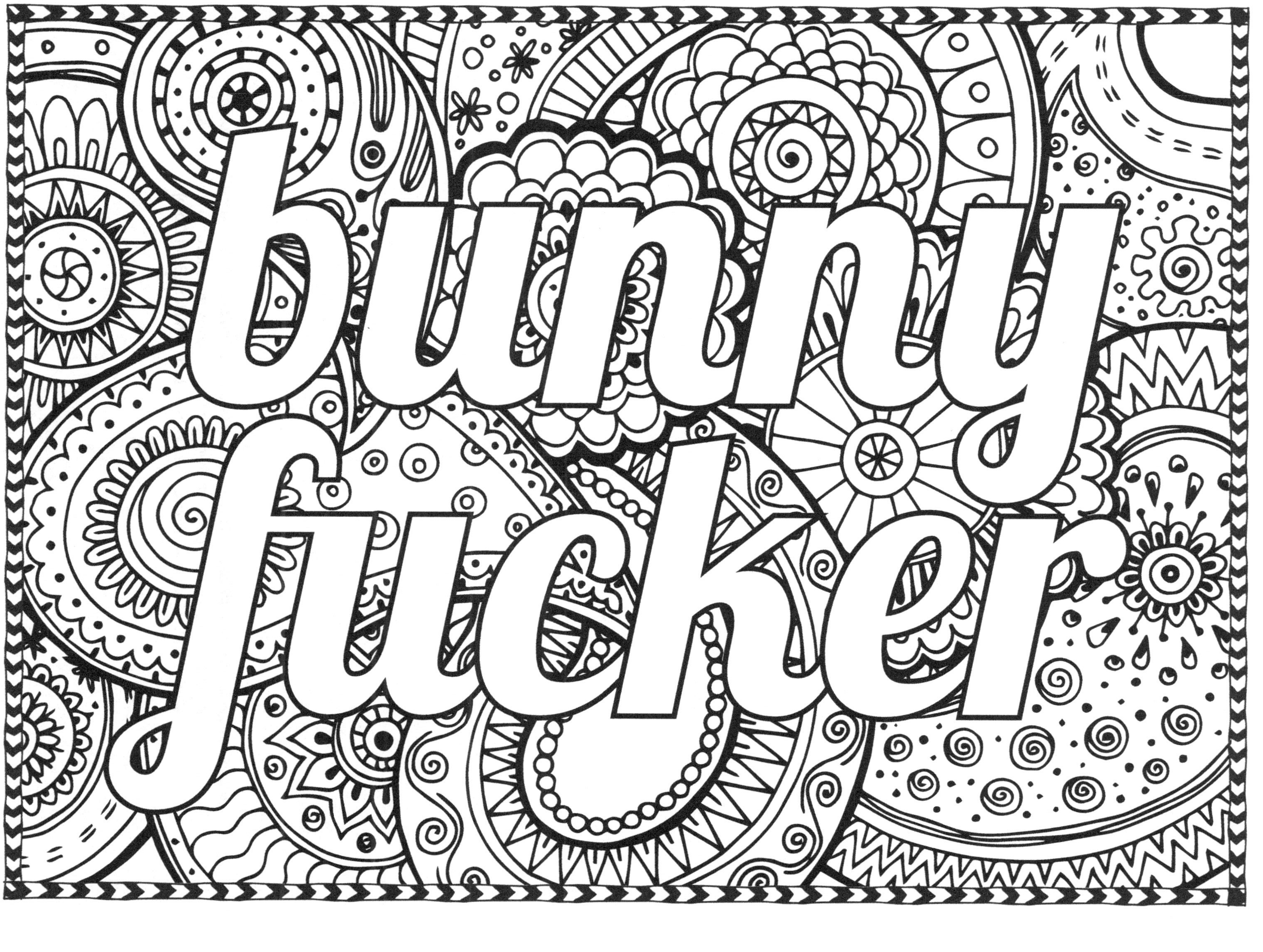
bunny
fucker

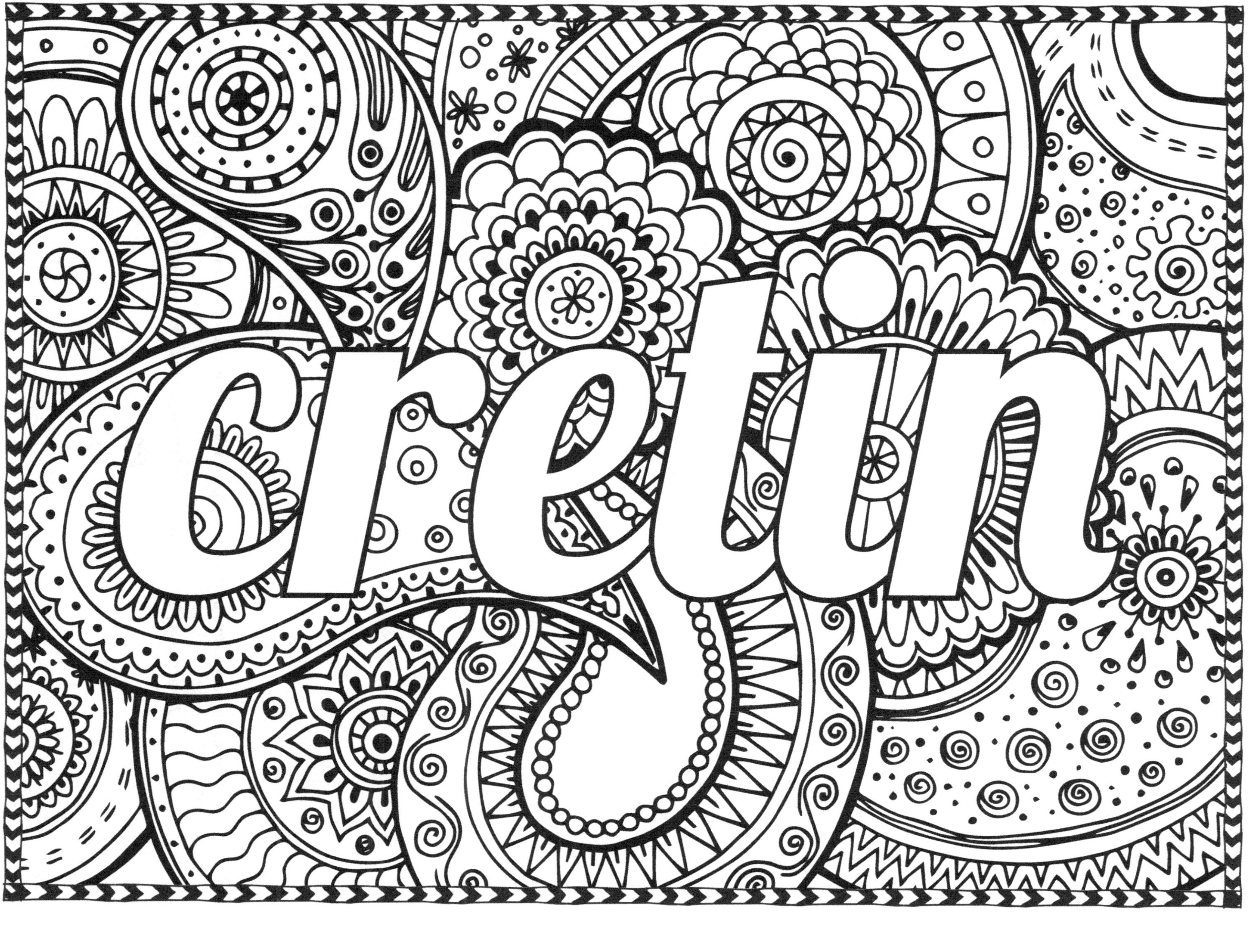
cretin

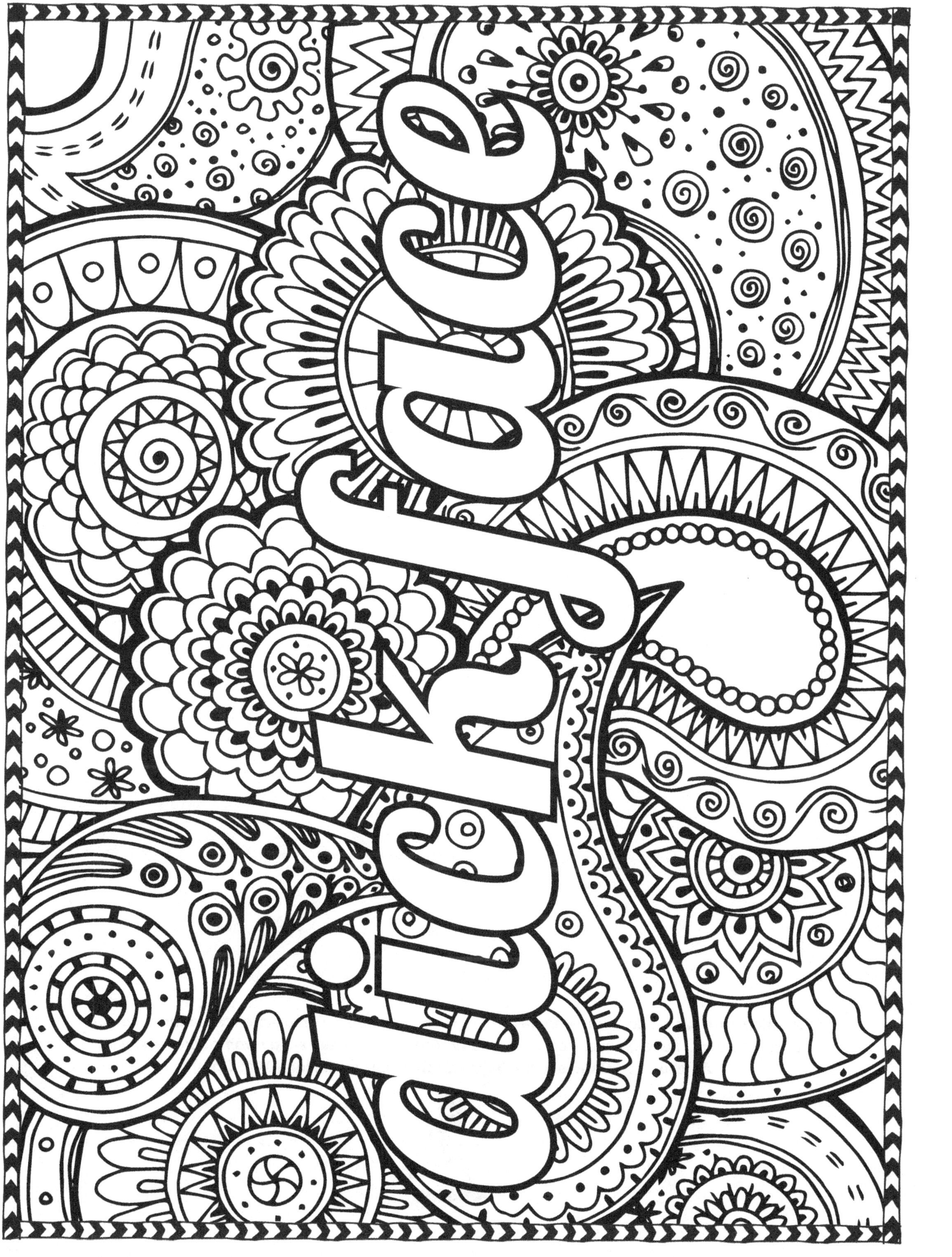
dickface

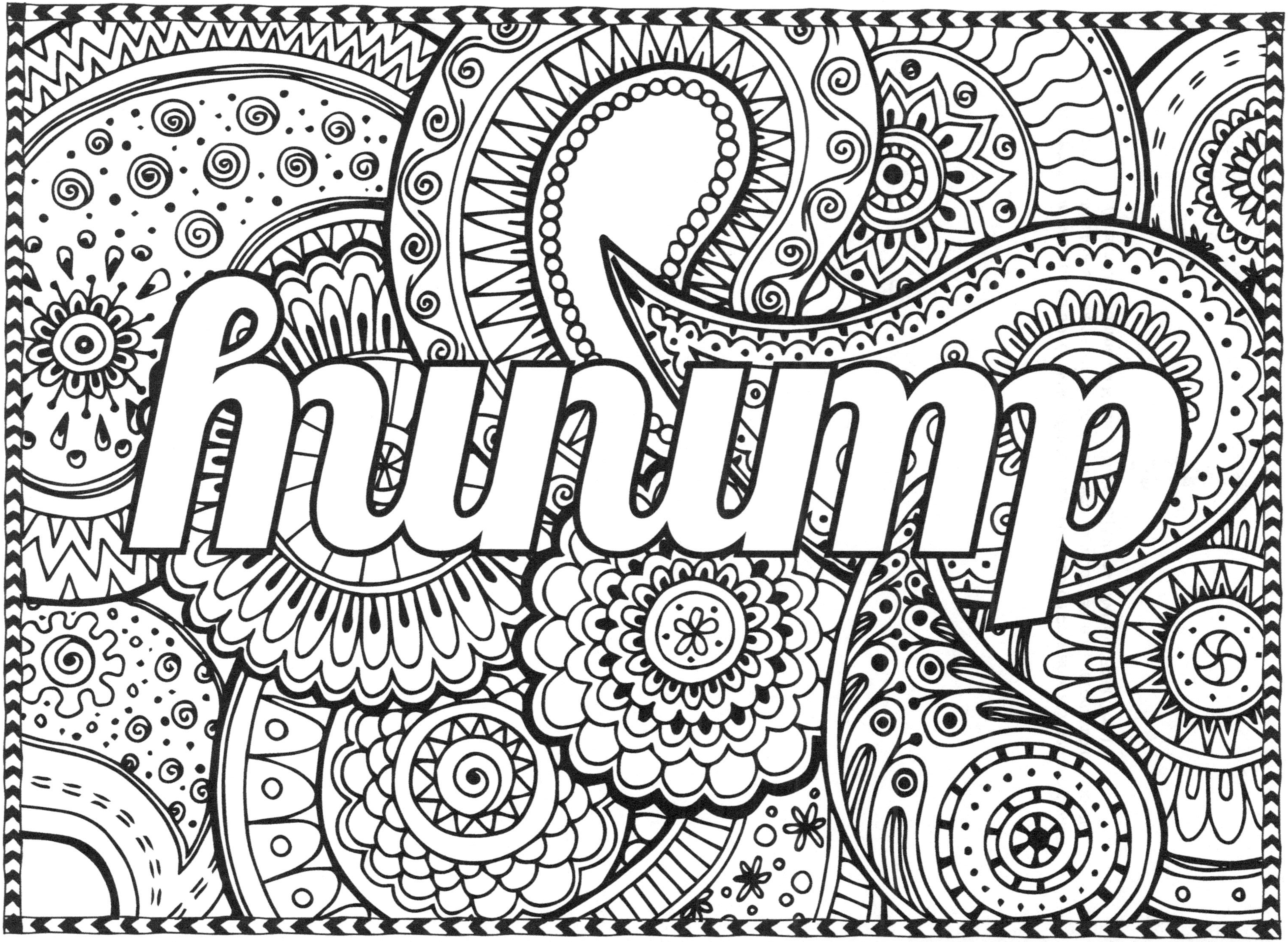
hunump

Se trata de un sangrado a través de la página si está usando un colorante marcador o pluma!

Encontrar otros títulos grandes por busca de Bandido Para Colorear en tu favorito libro minorista

Amazon.Ca | Barnes & Noble (BN.Com) | Libros 1 Millón (BAM.Com)

COLORING BANDIT

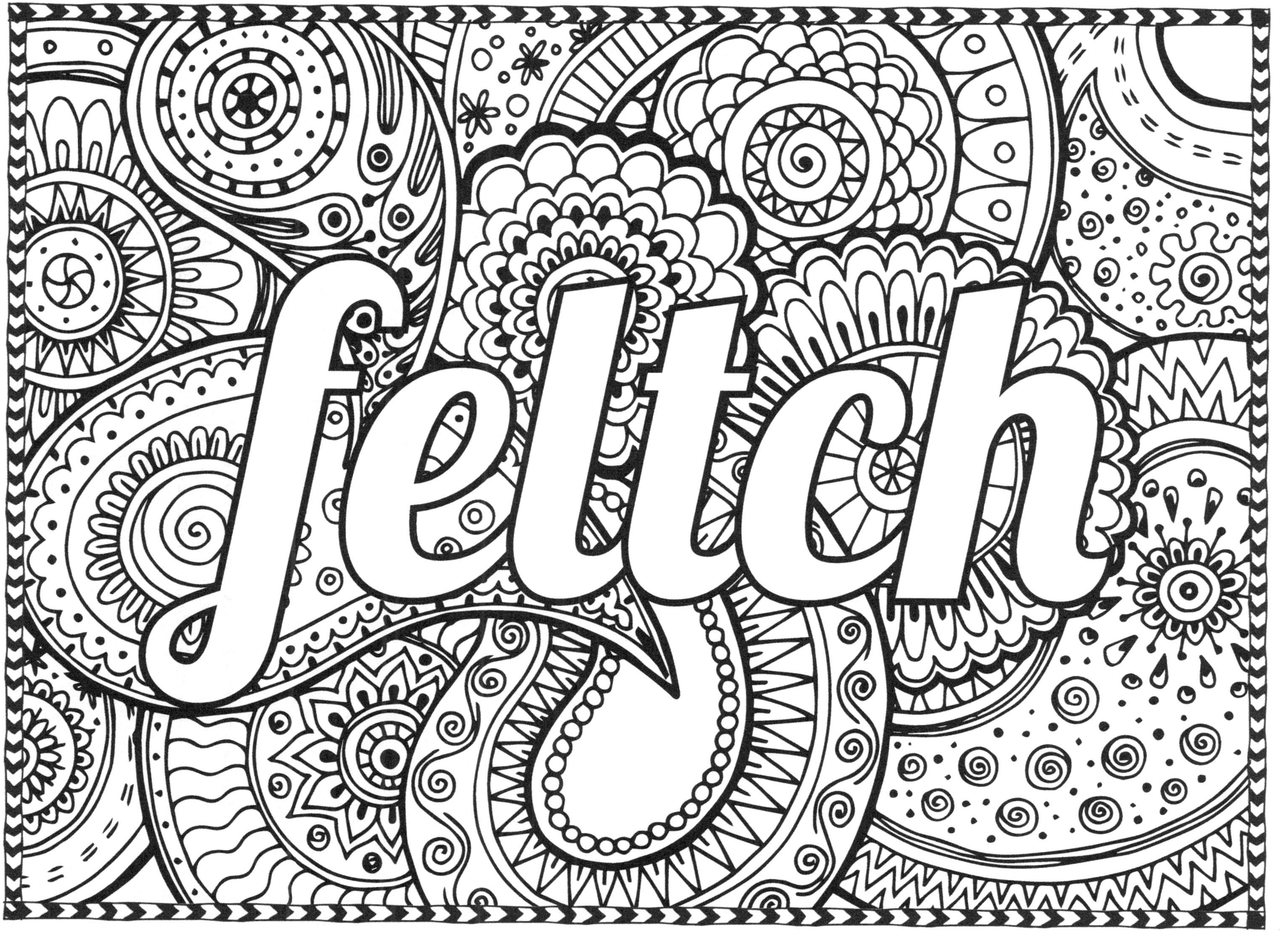
feltch

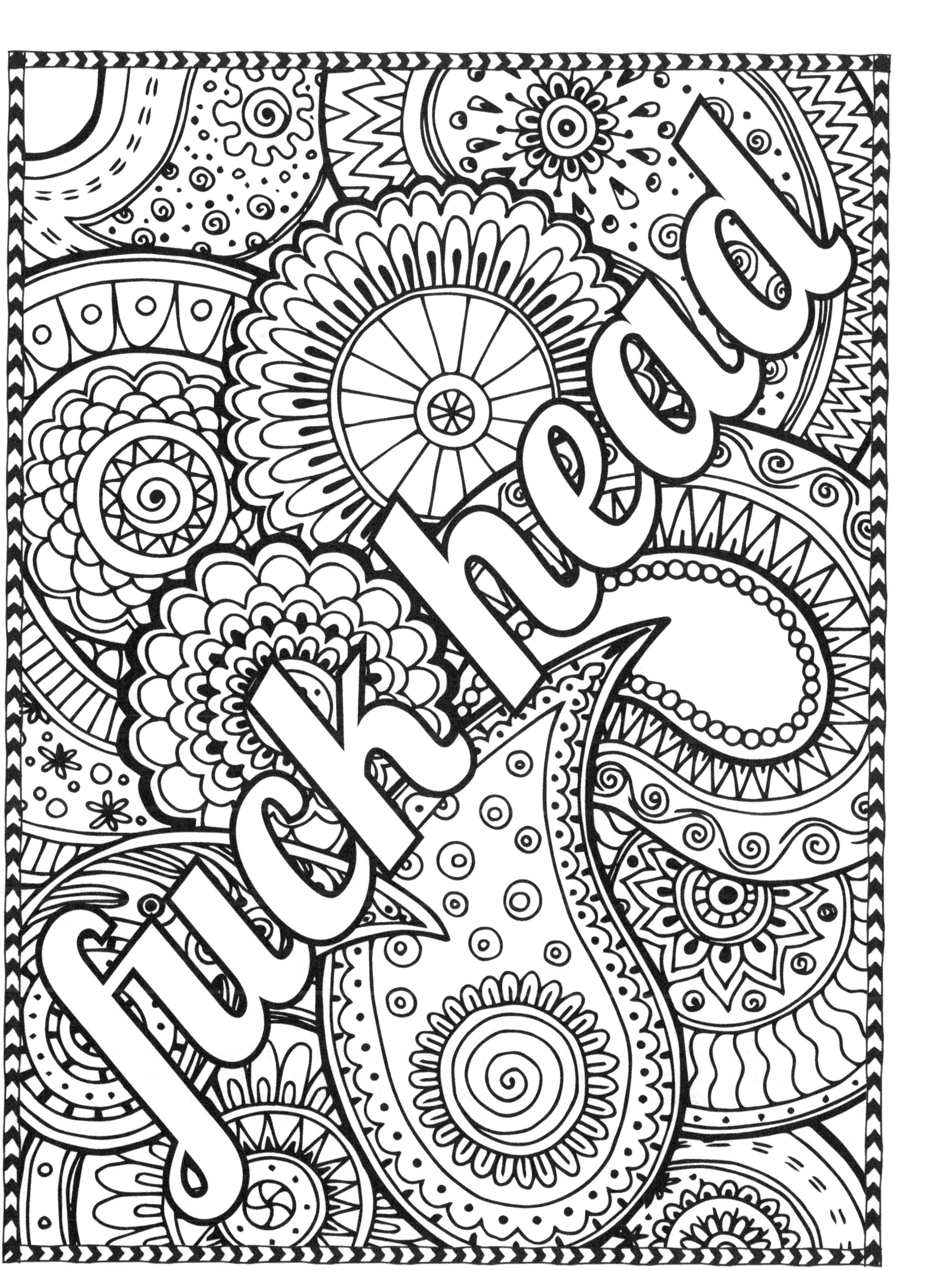
fuckhead

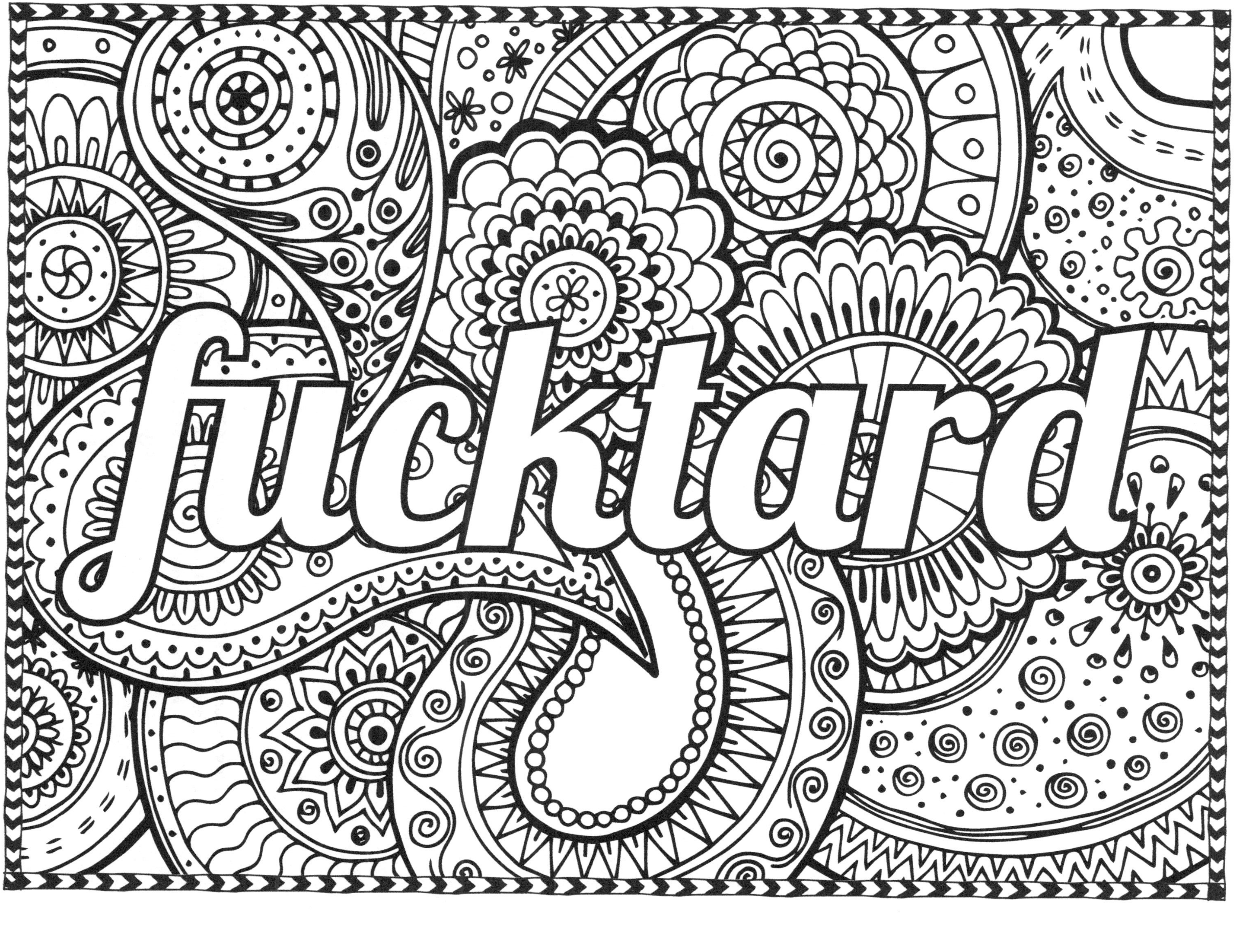
fucktard

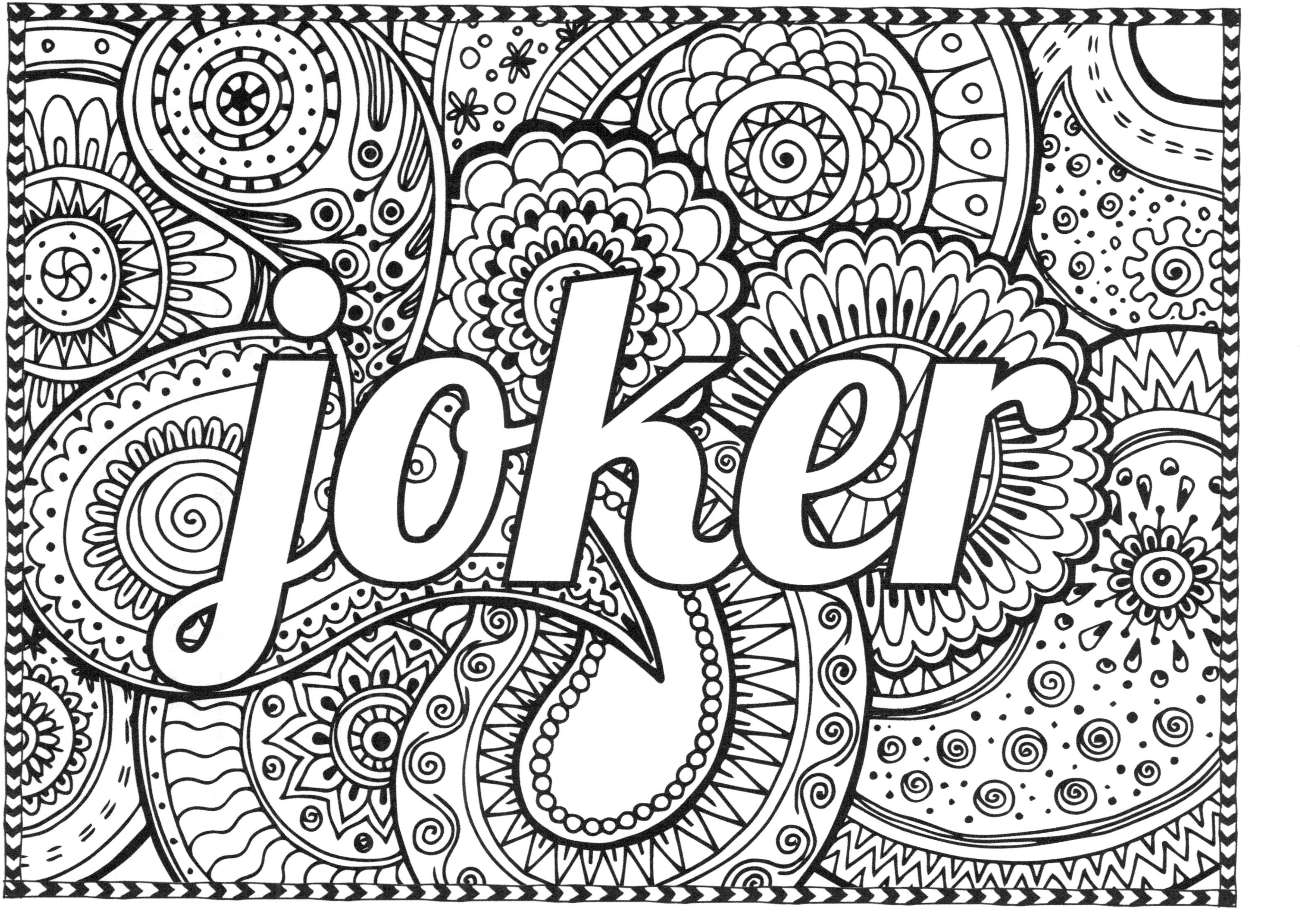
joker

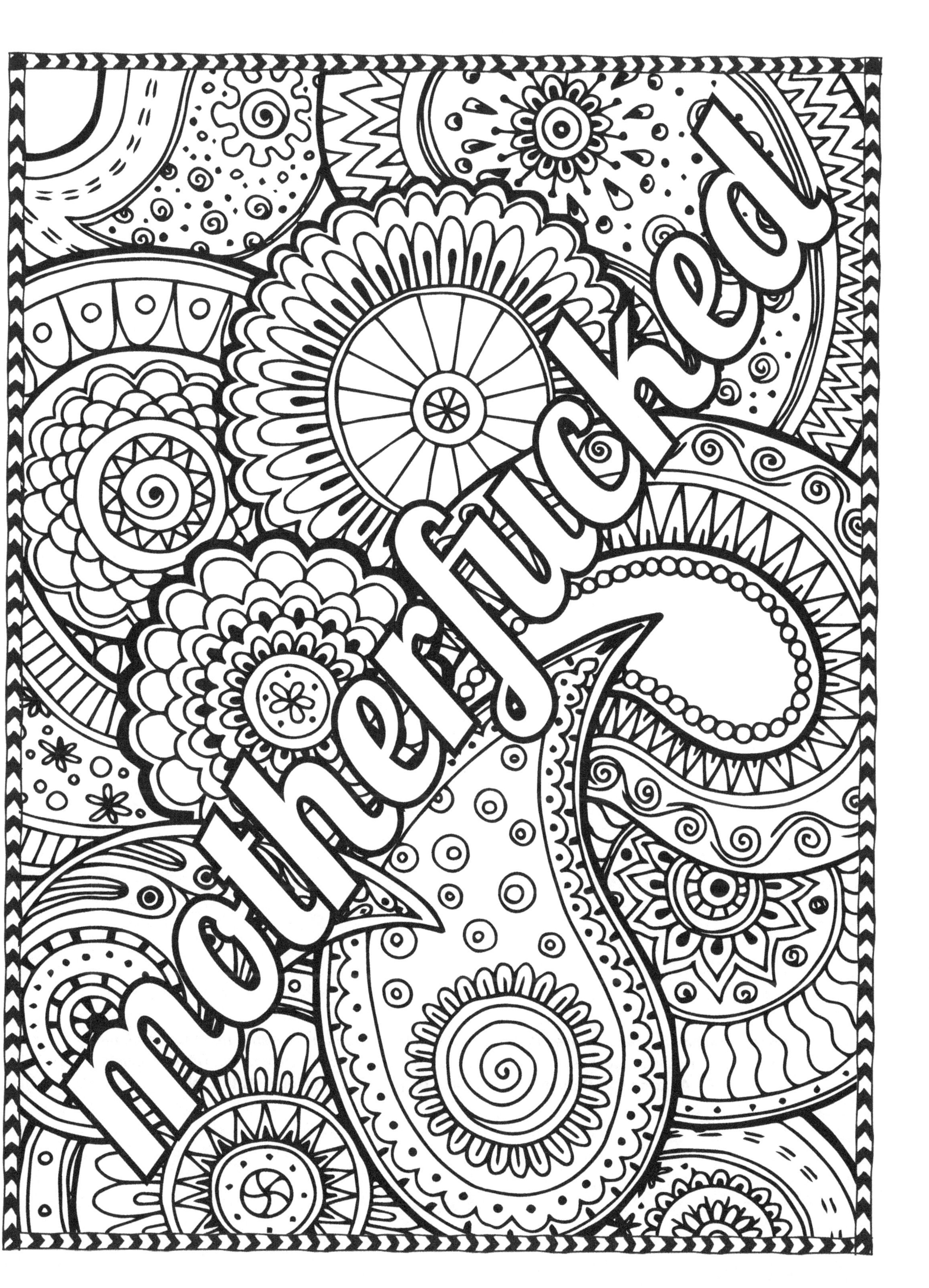
motherfucked

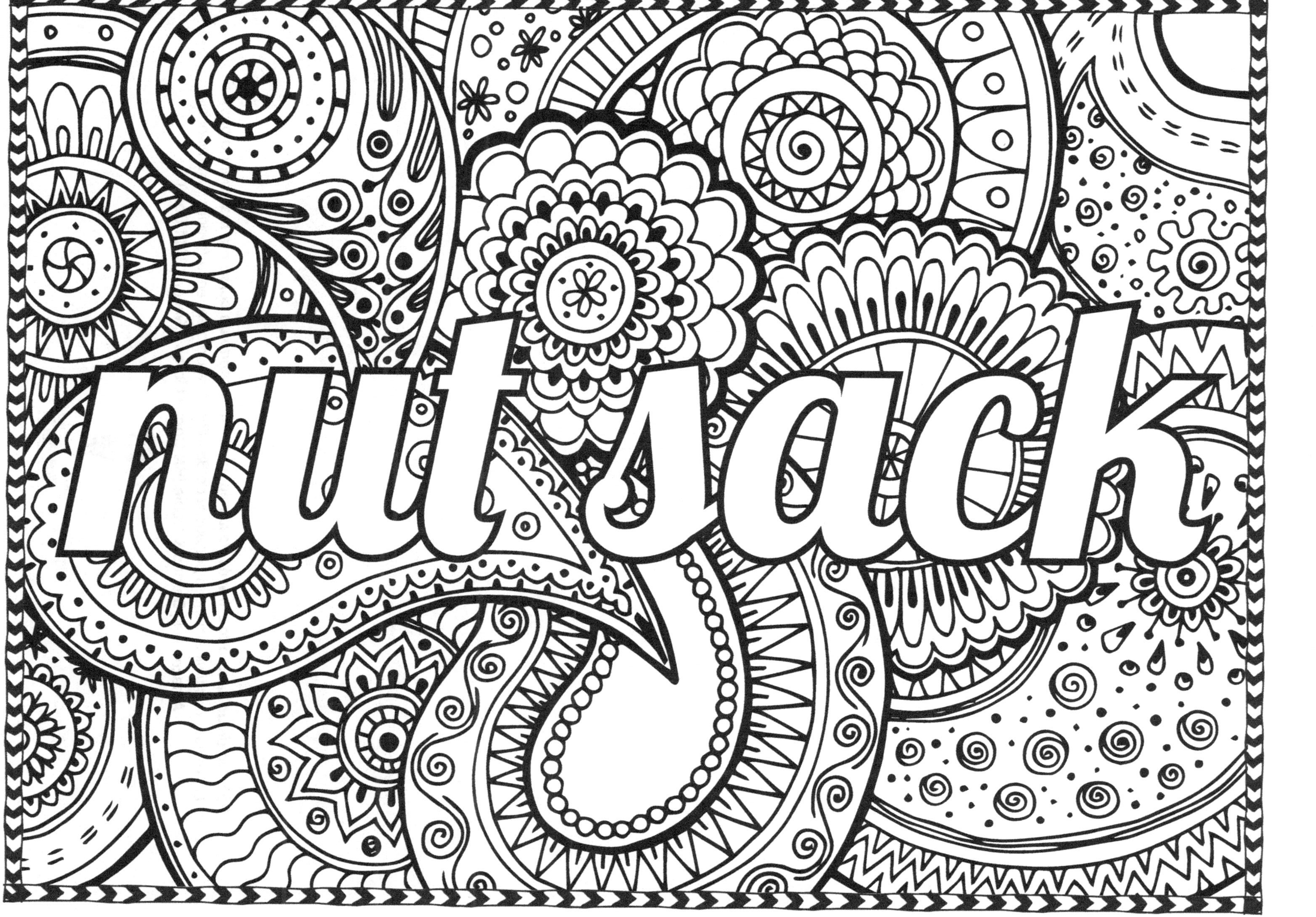
nutsack

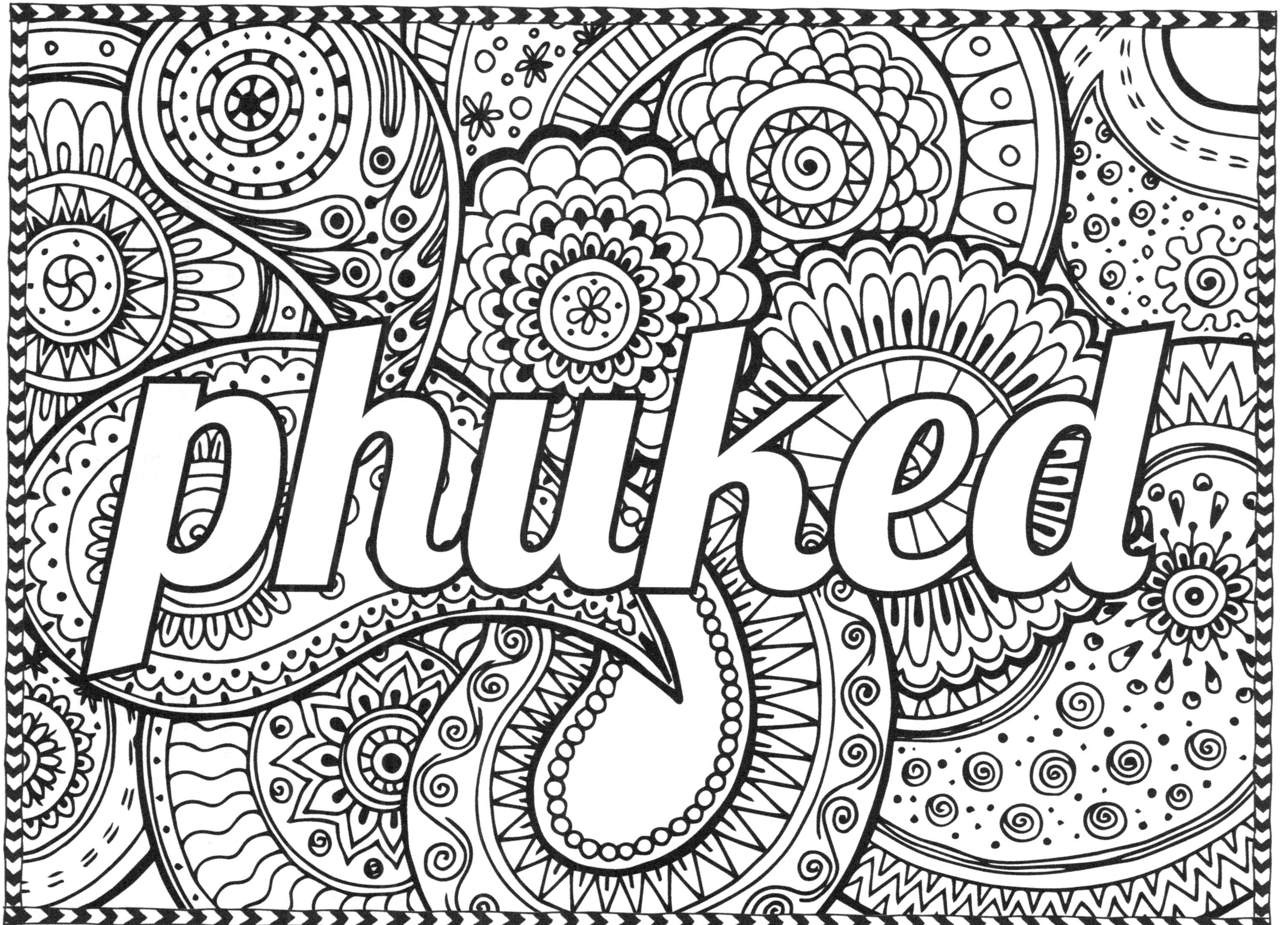
phuked

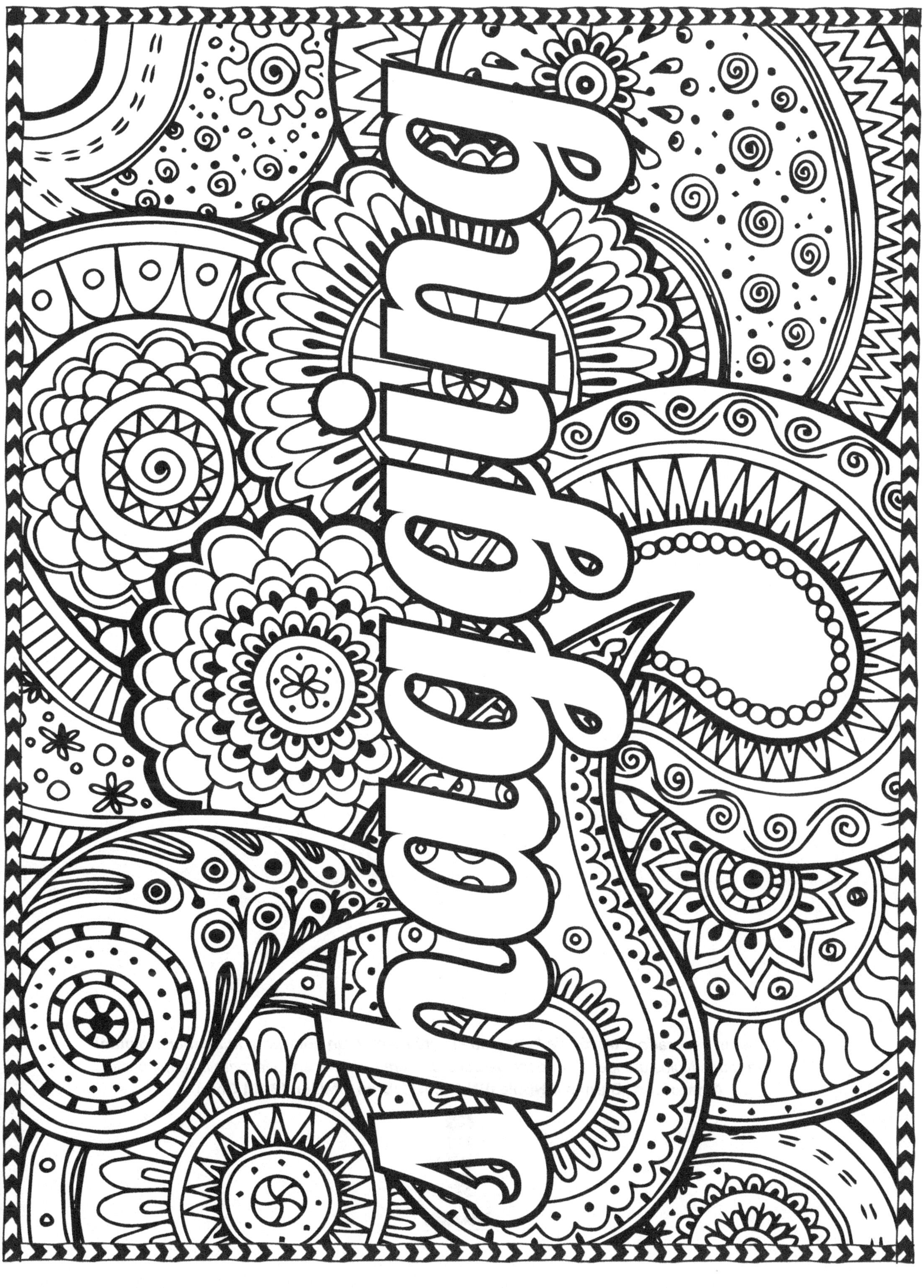
hopeful

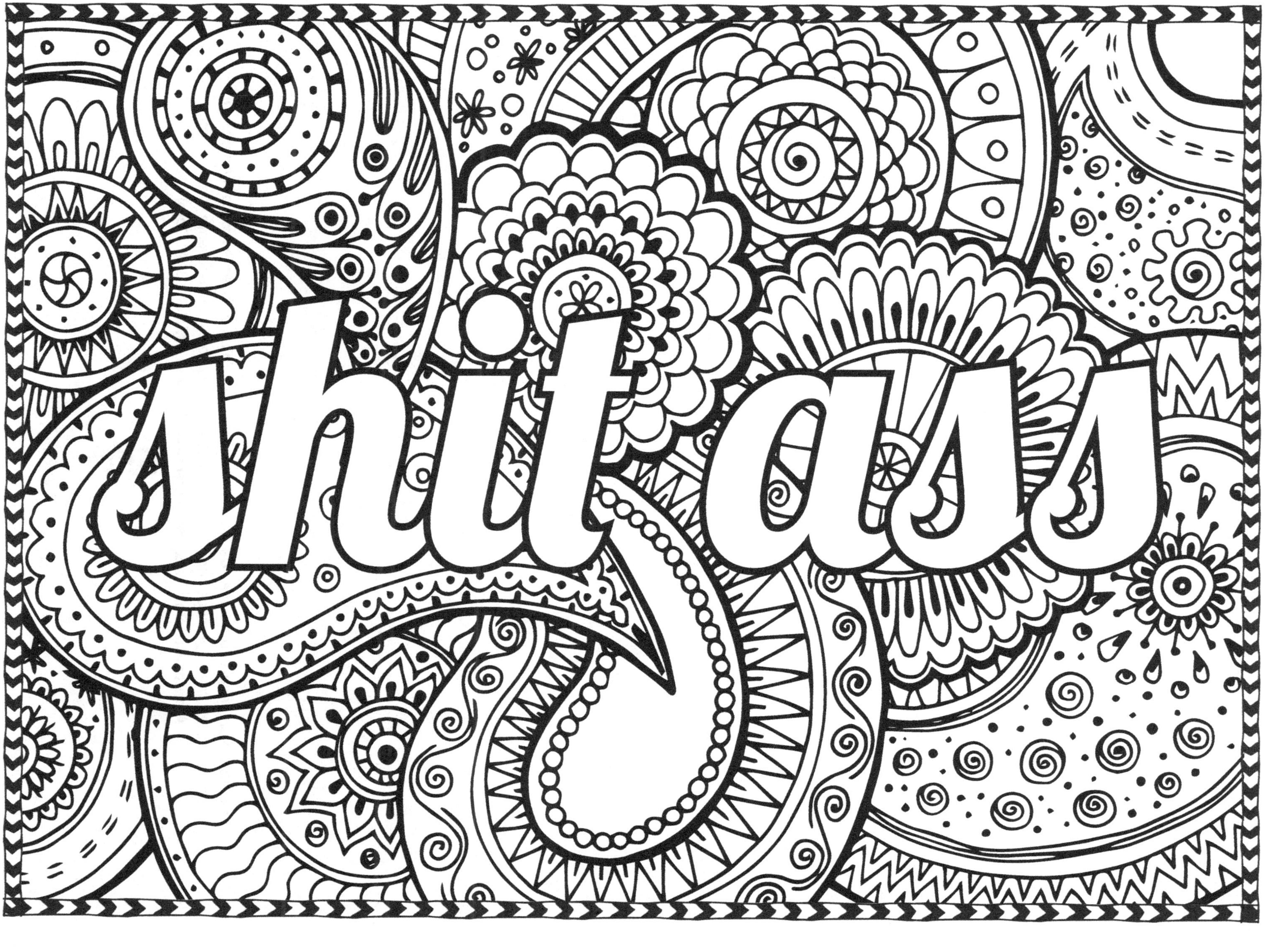
shit ass

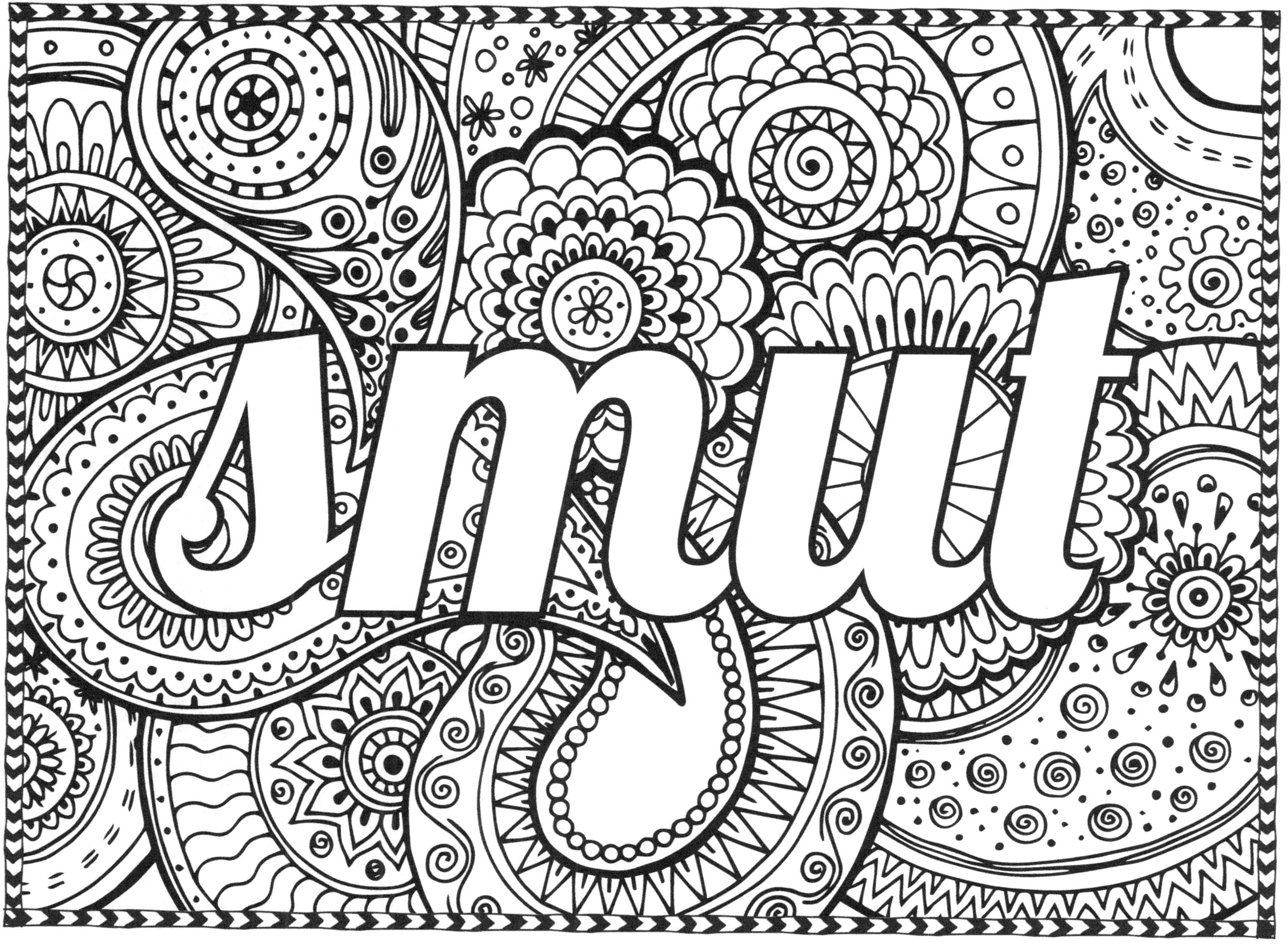
Smut

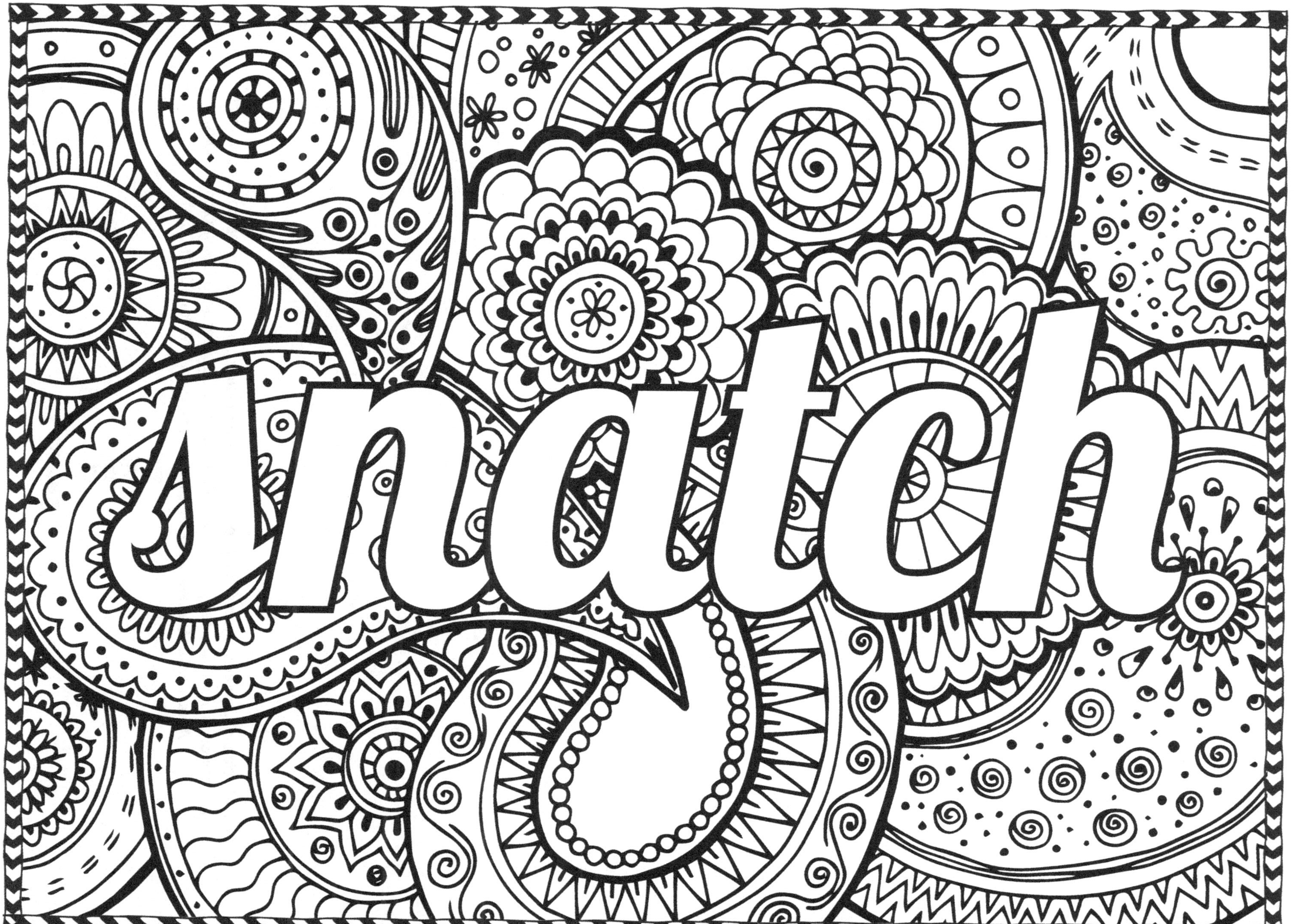
snatch

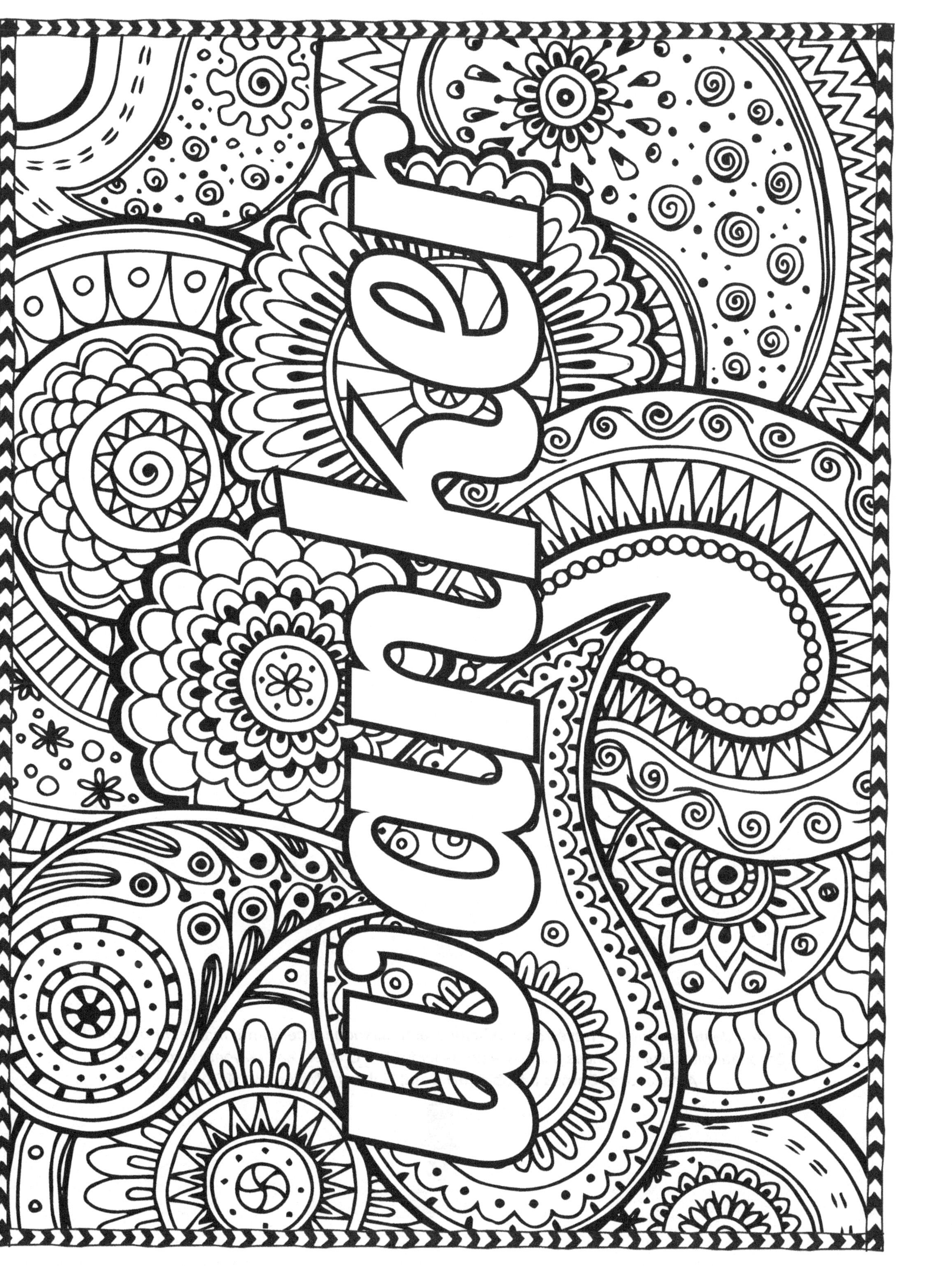
wanker

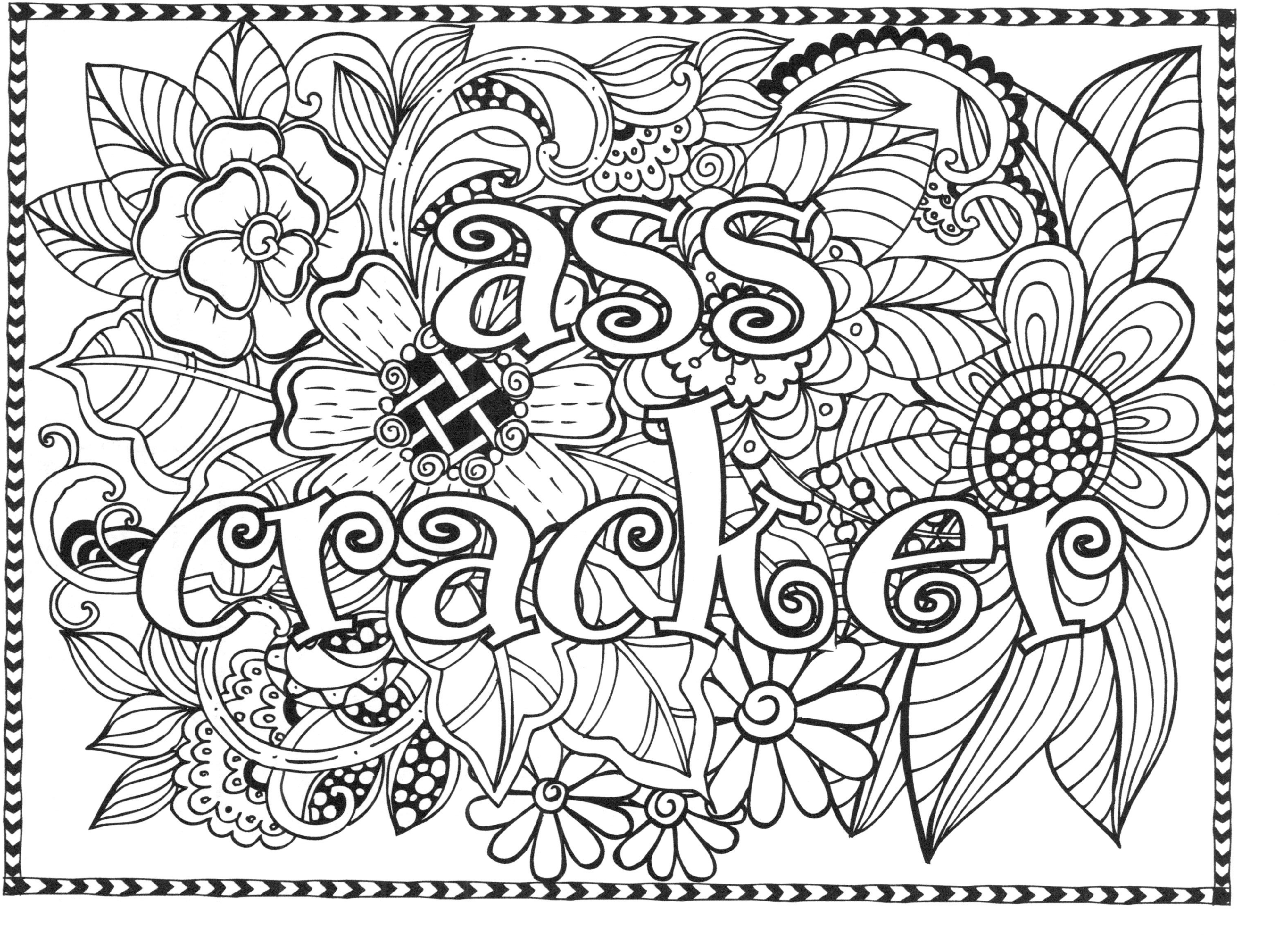
ass
cracker

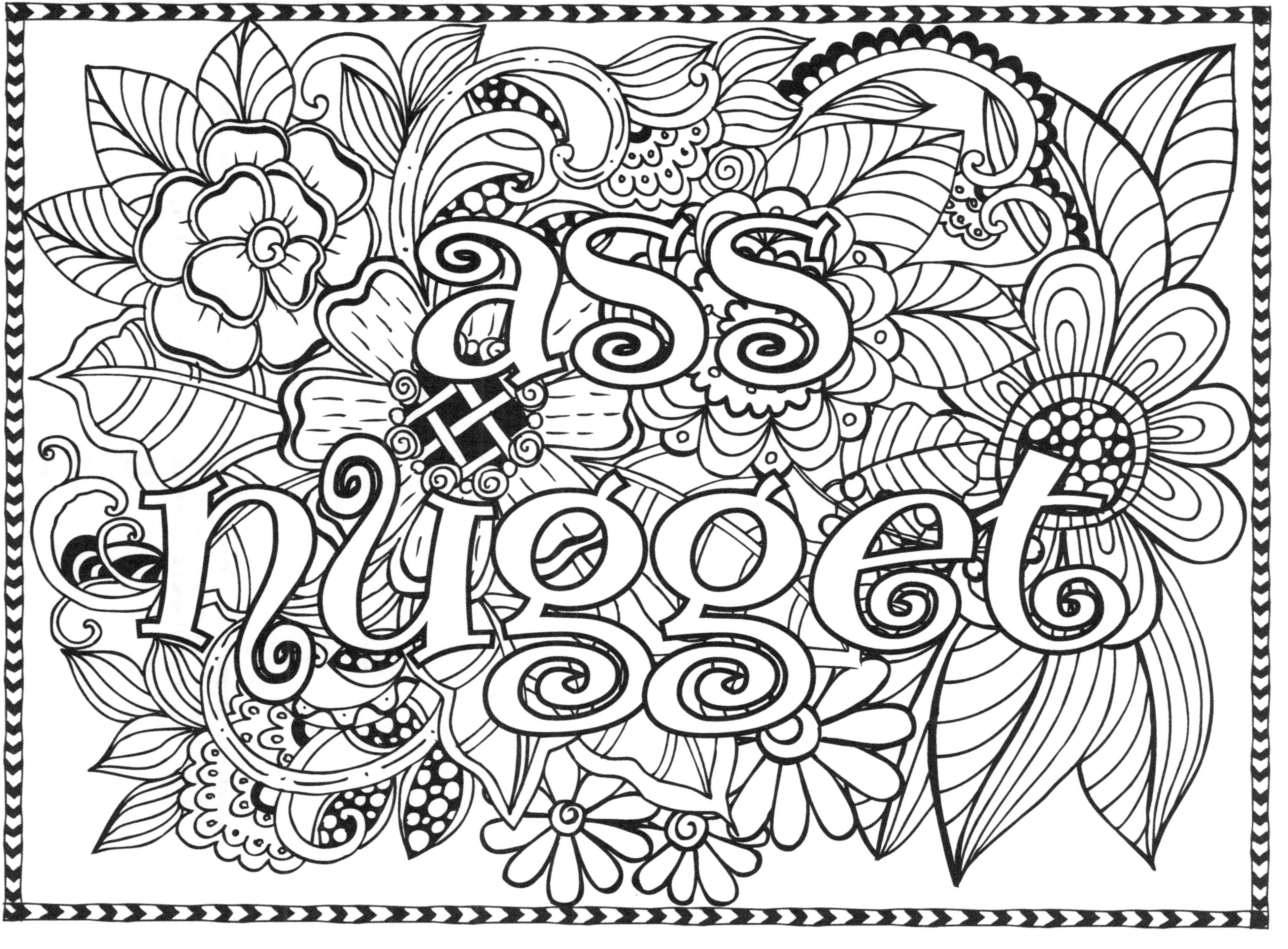
ass nugget

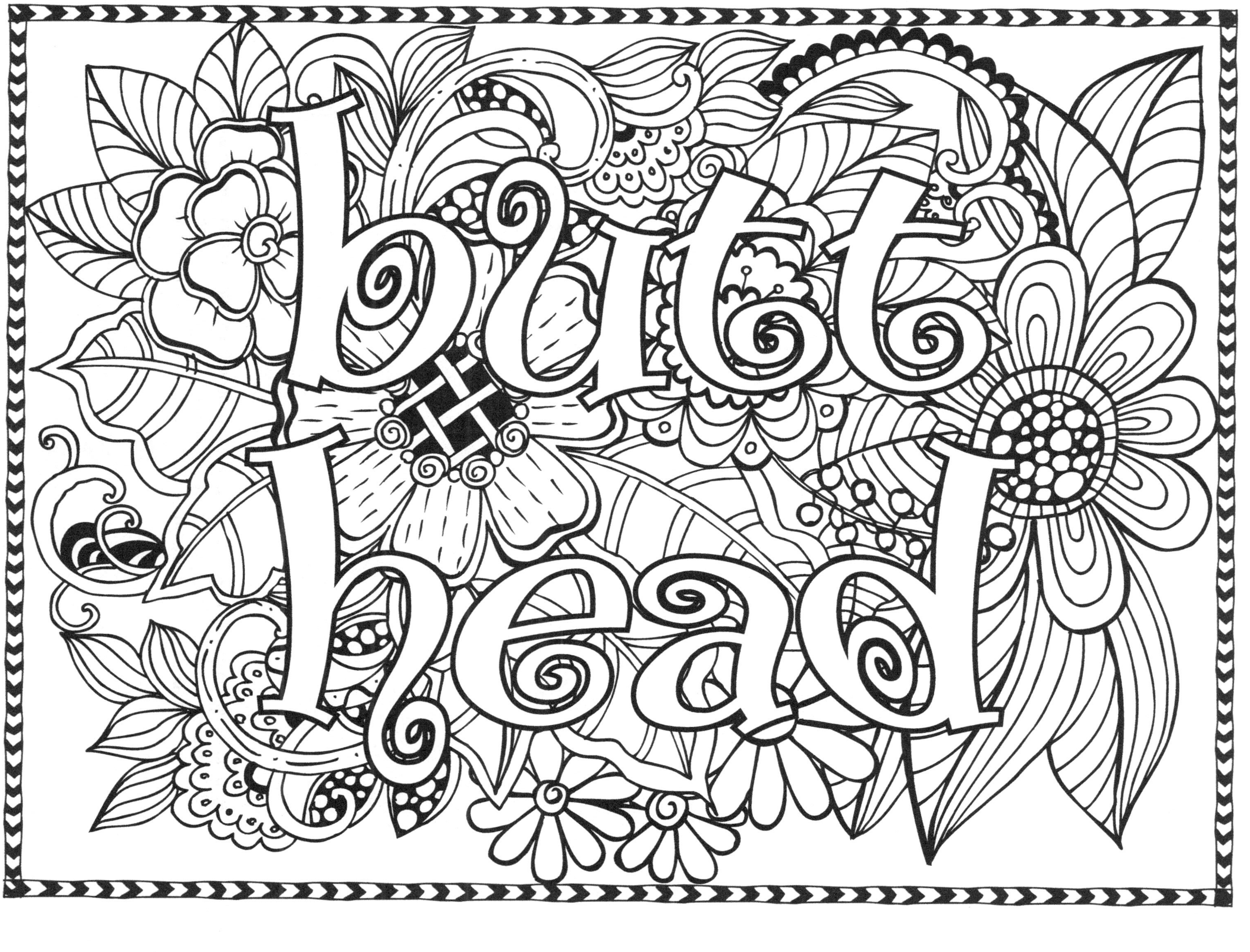
butt
head

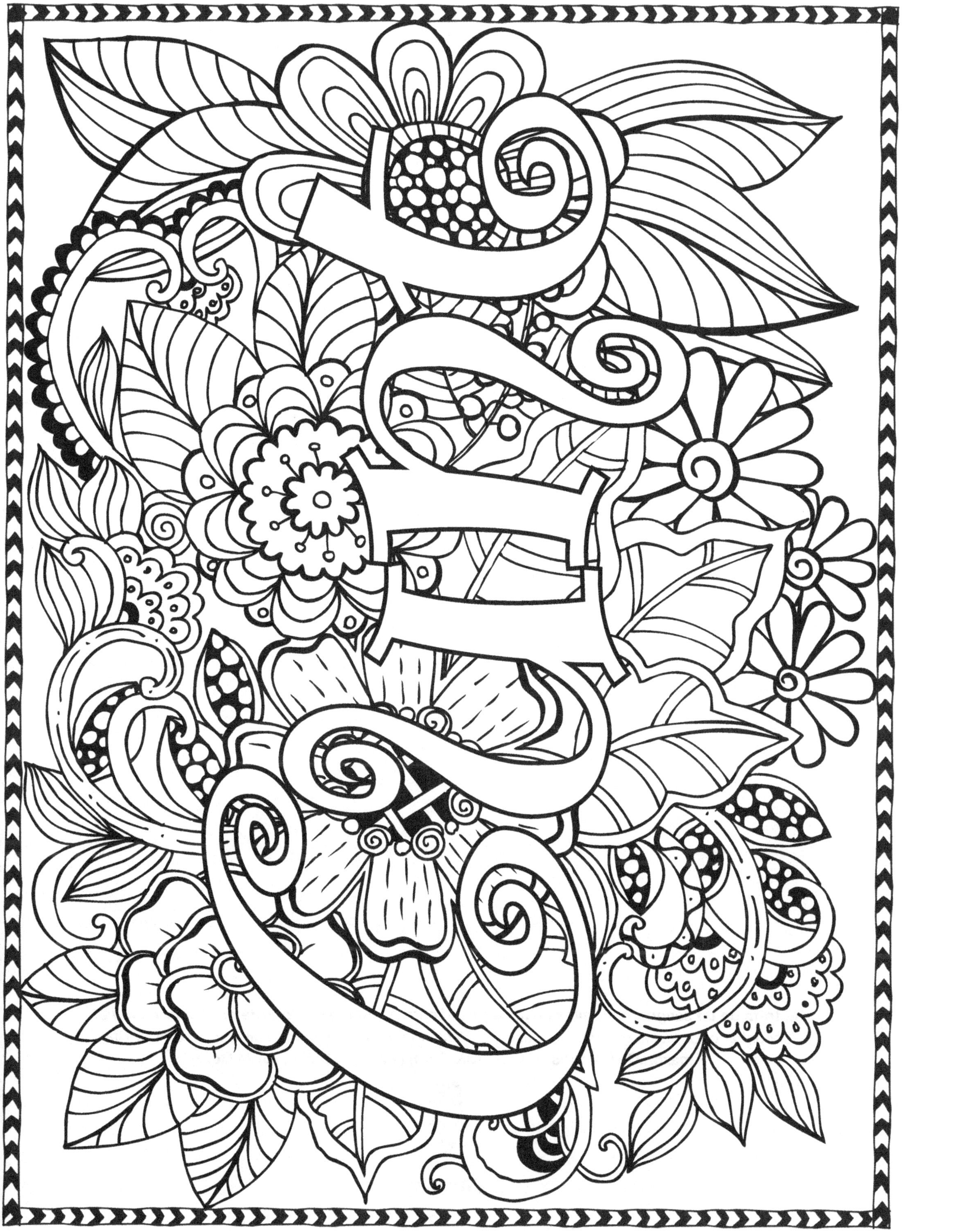
S

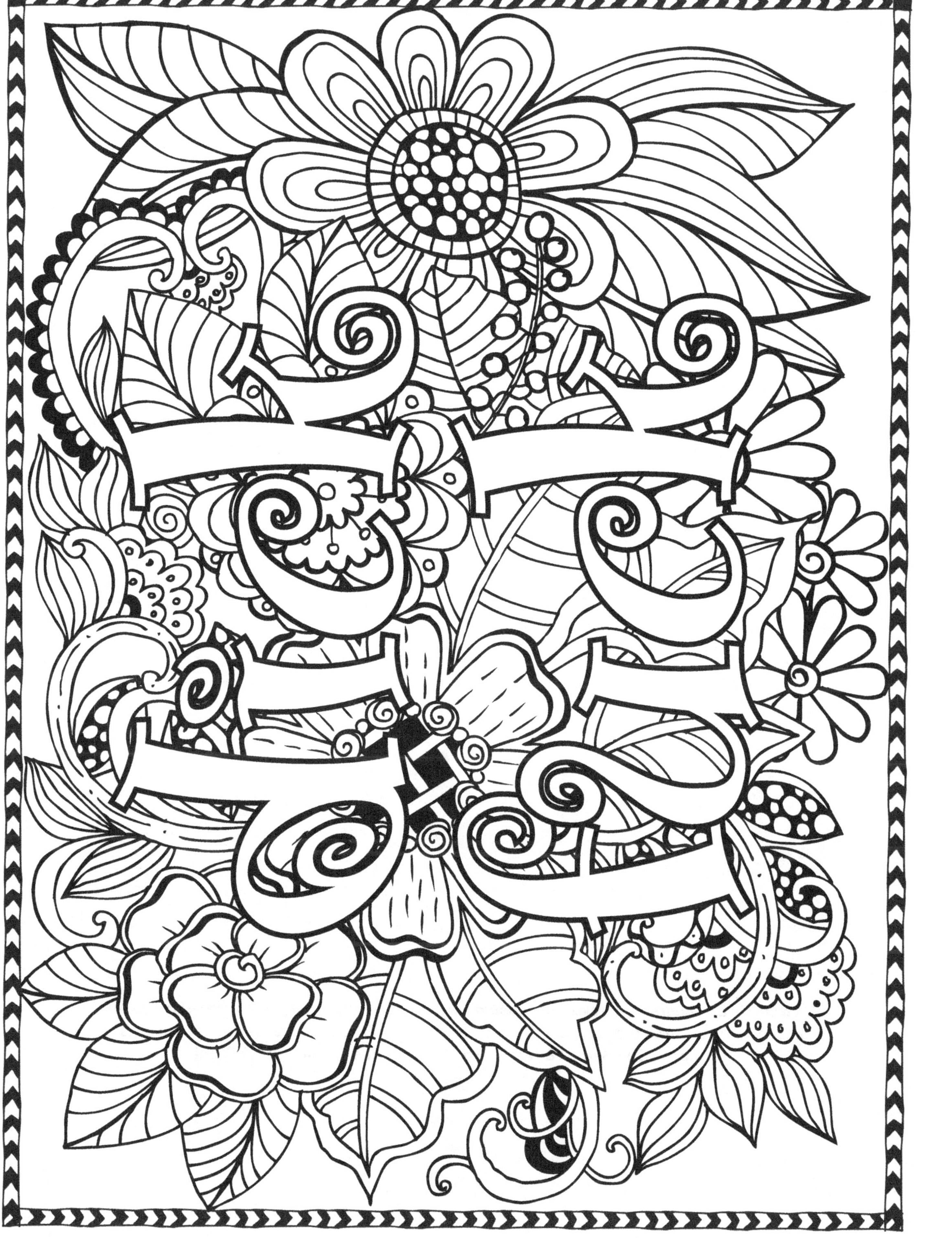

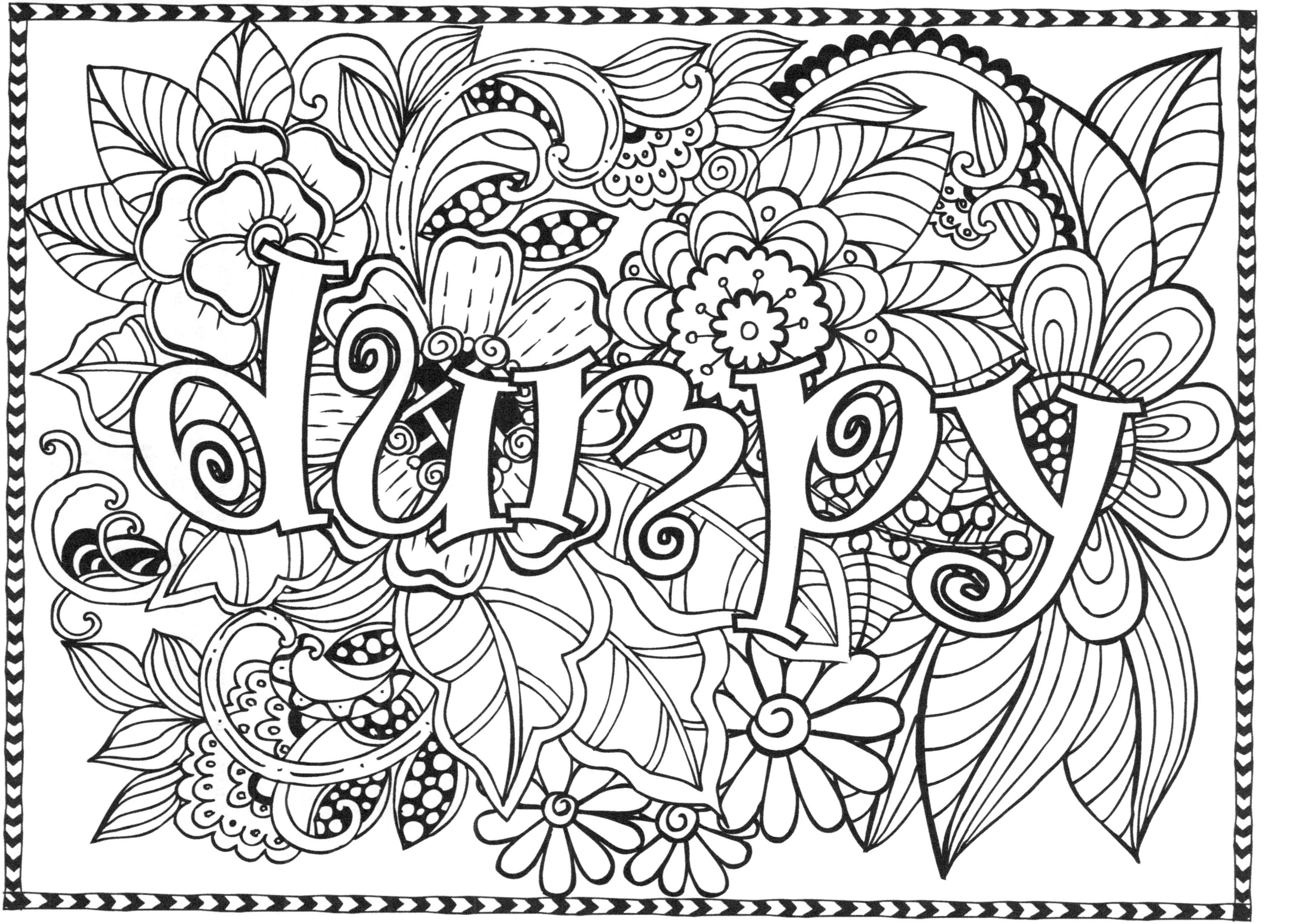
dumpy

Se trata de un sangrado a través de la página si está usando un colorante marcador o pluma!

Encontrar otros títulos grandes por busca de Bandido Para Colorear en tu favorito libro minorista

Amazon.Ca | Barnes & Noble (BN.Com) | Libros 1 Millón (BAM.Com)

COLORING BANDIT

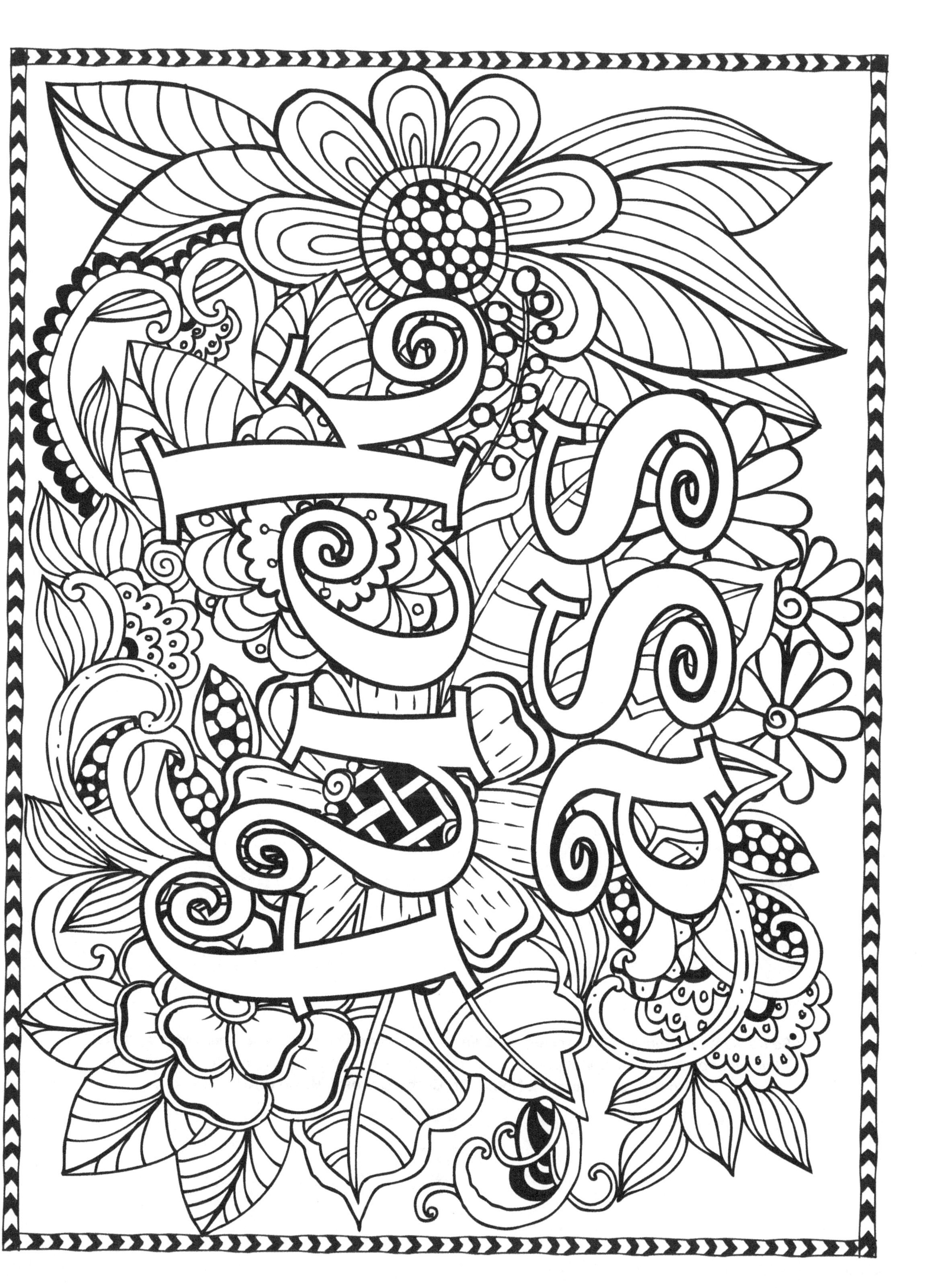

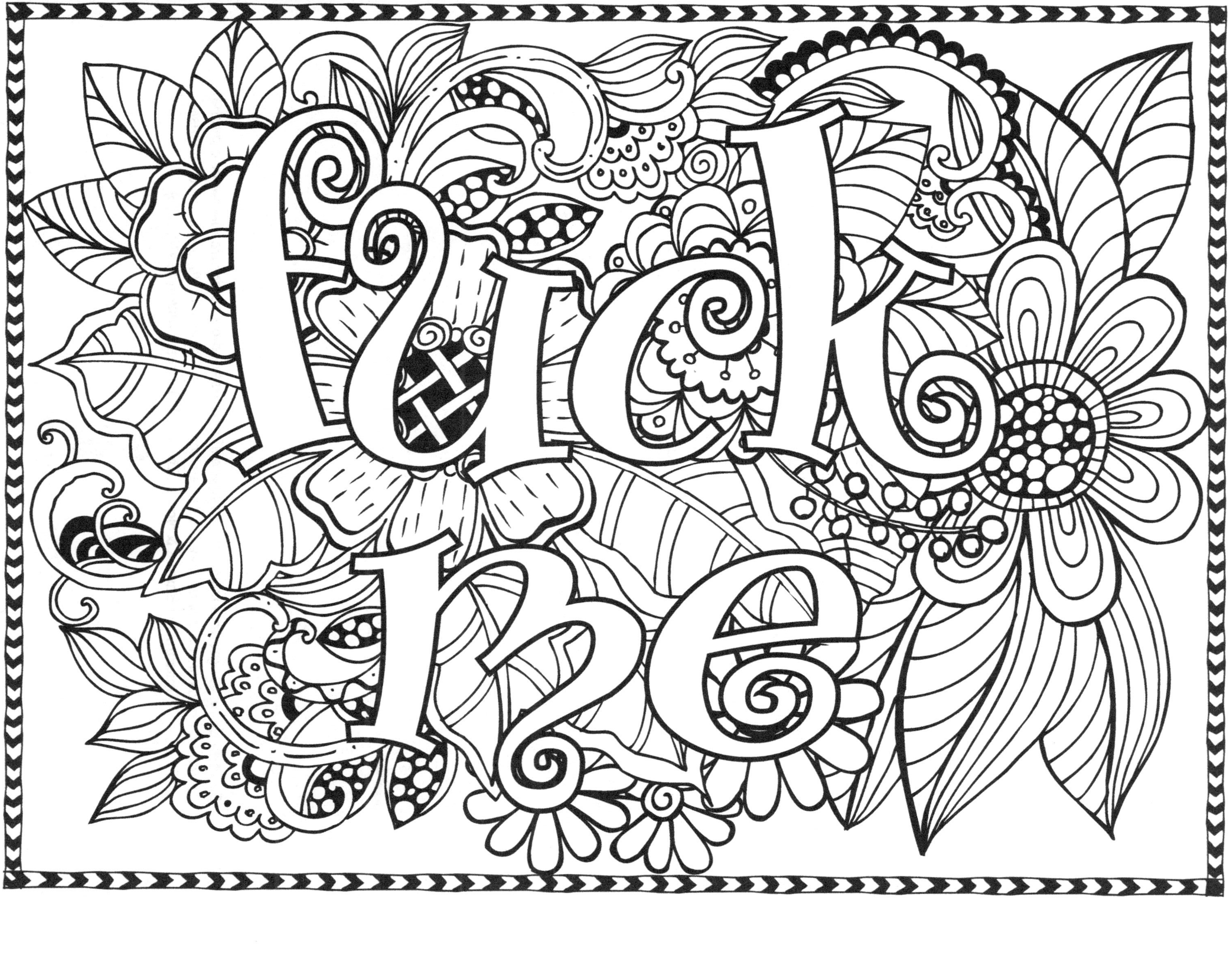
fuck me

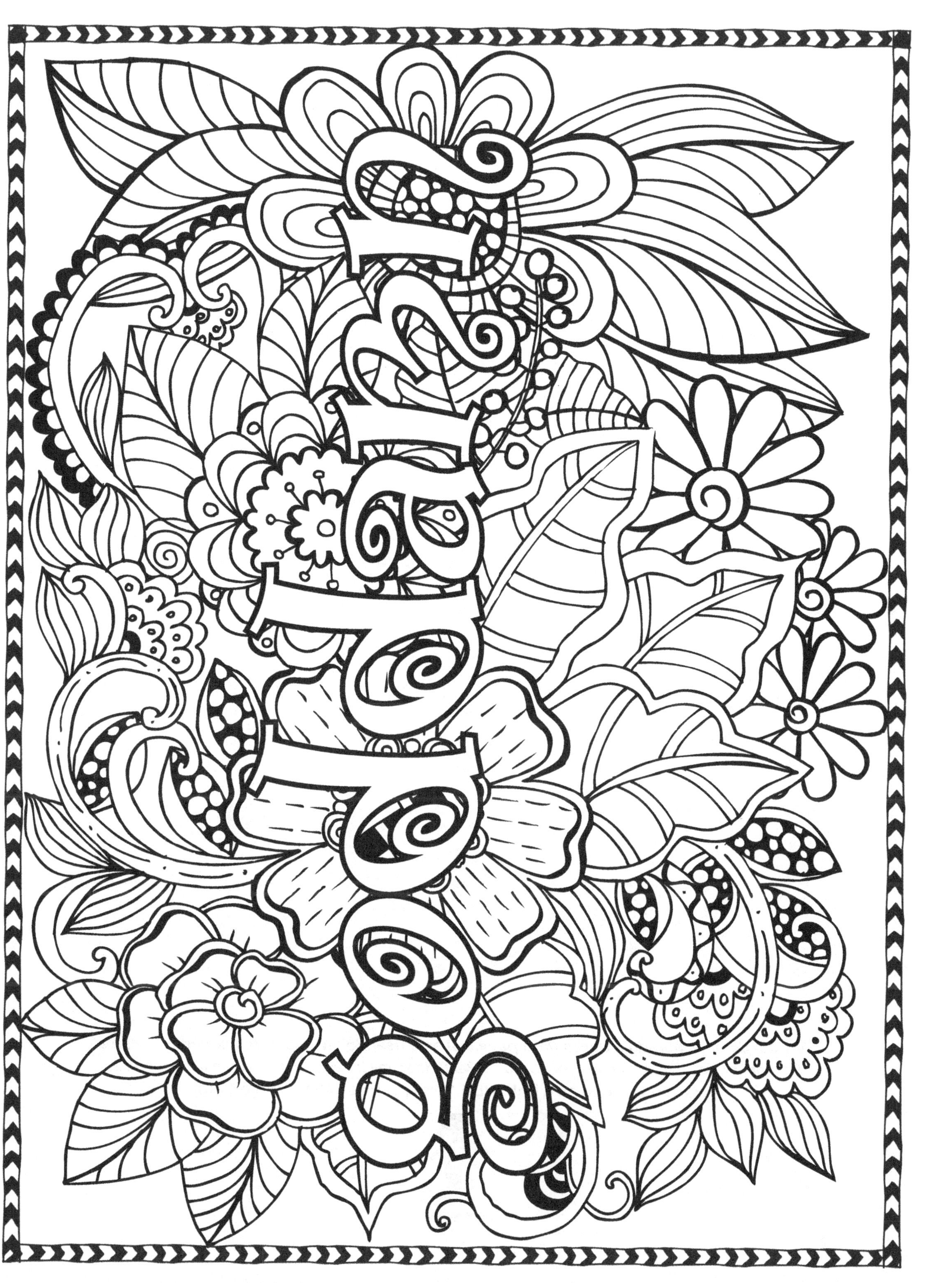
goddamn

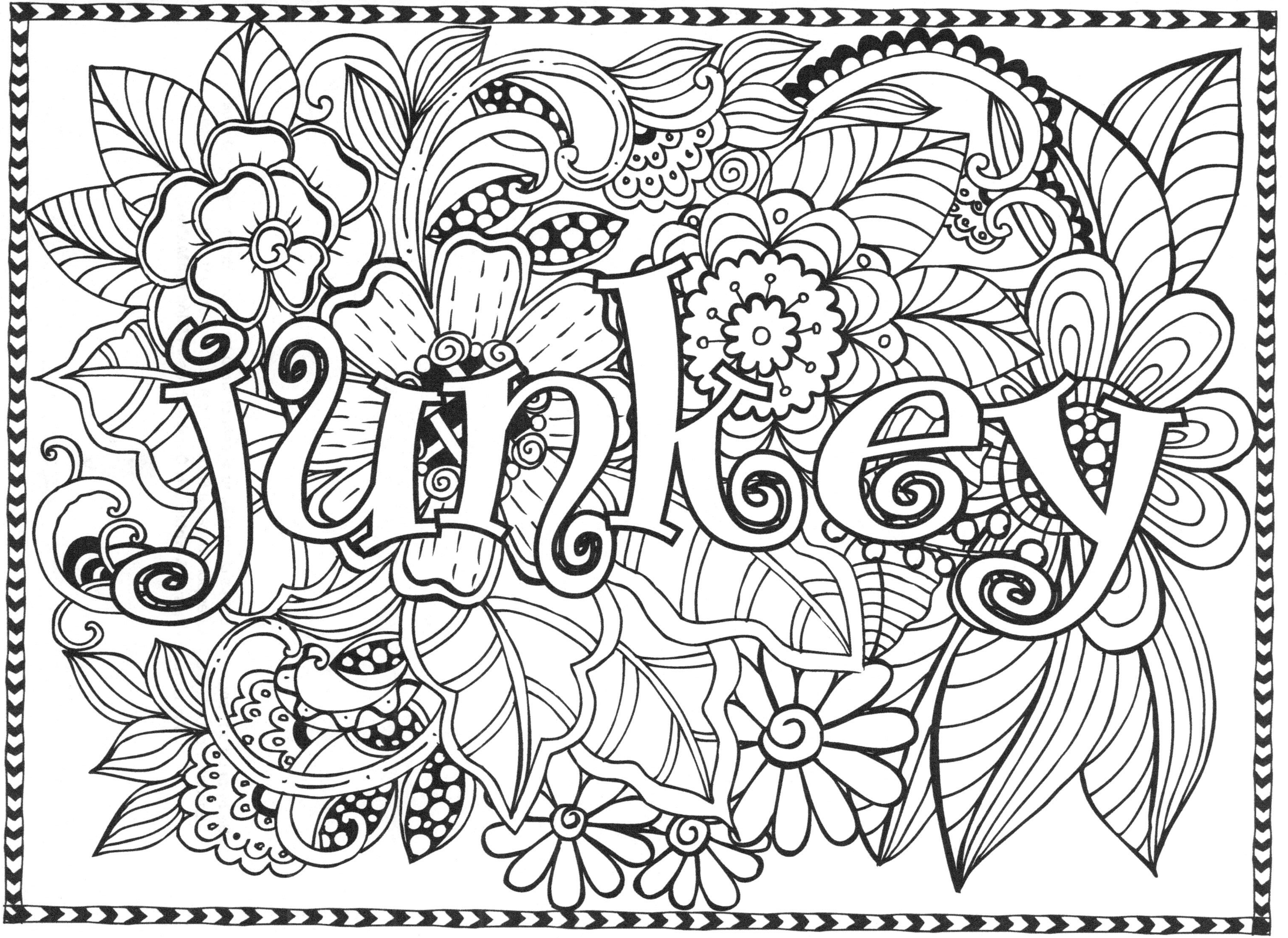
junkey

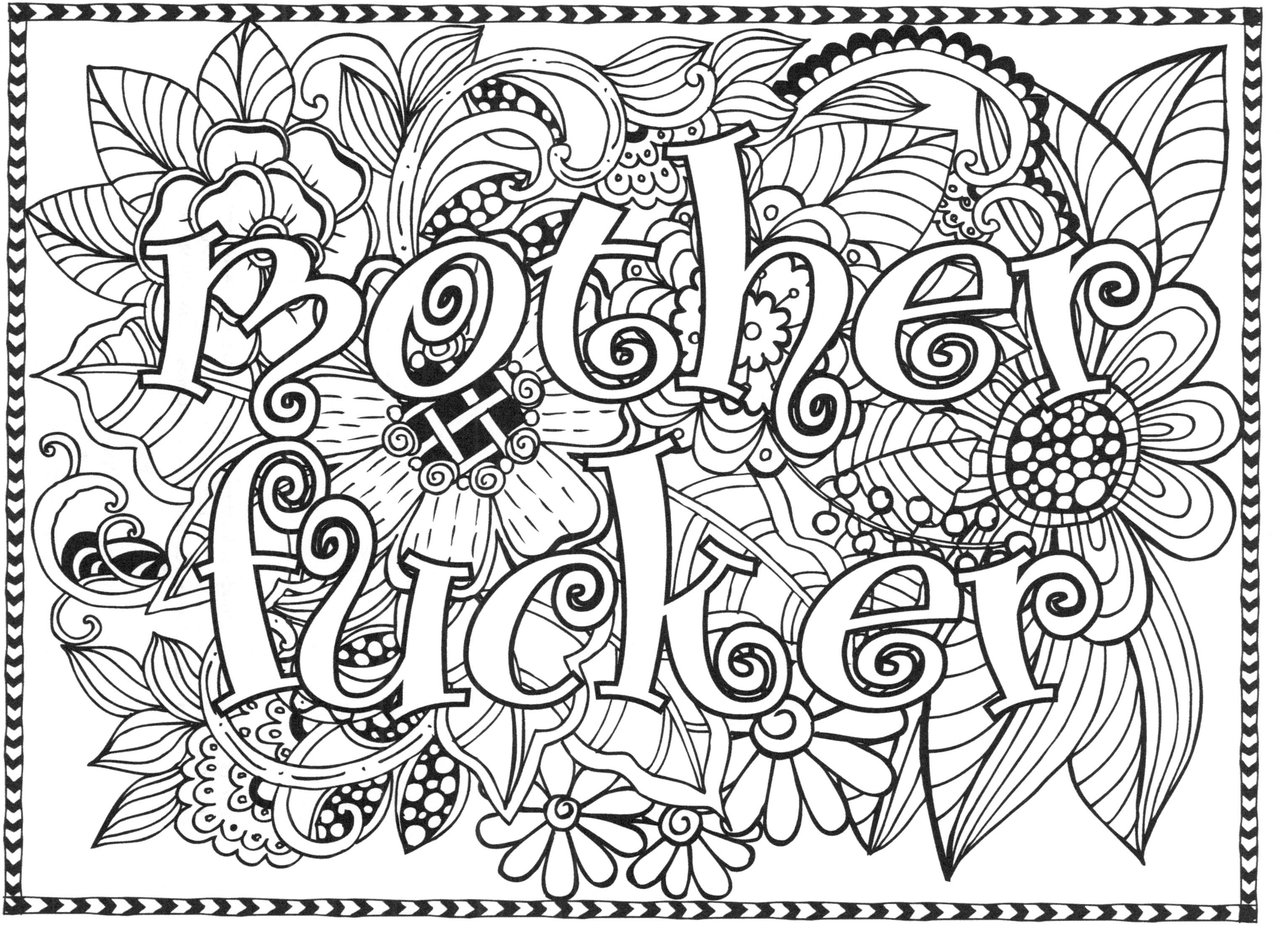
mother
fucker

Se trata de un sangrado a través de la página si está usando un colorante marcador o pluma!

Encontrar otros títulos grandes por busca de Bandido Para Colorear en tu favorito libro minorista

Amazon.Ca | Barnes & Noble (BN.Com) | Libros 1 Millón (BAM.Com)

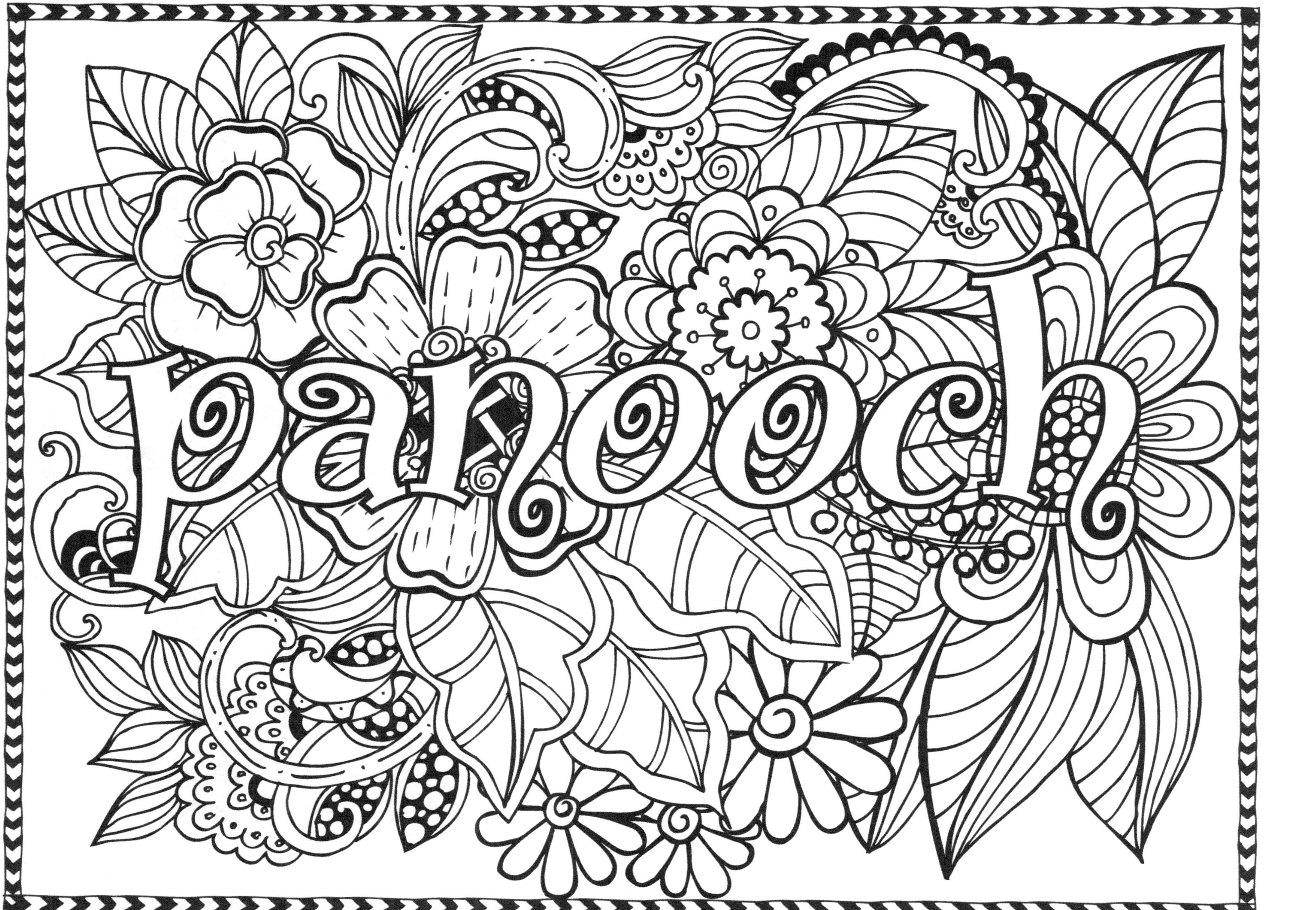
panooch

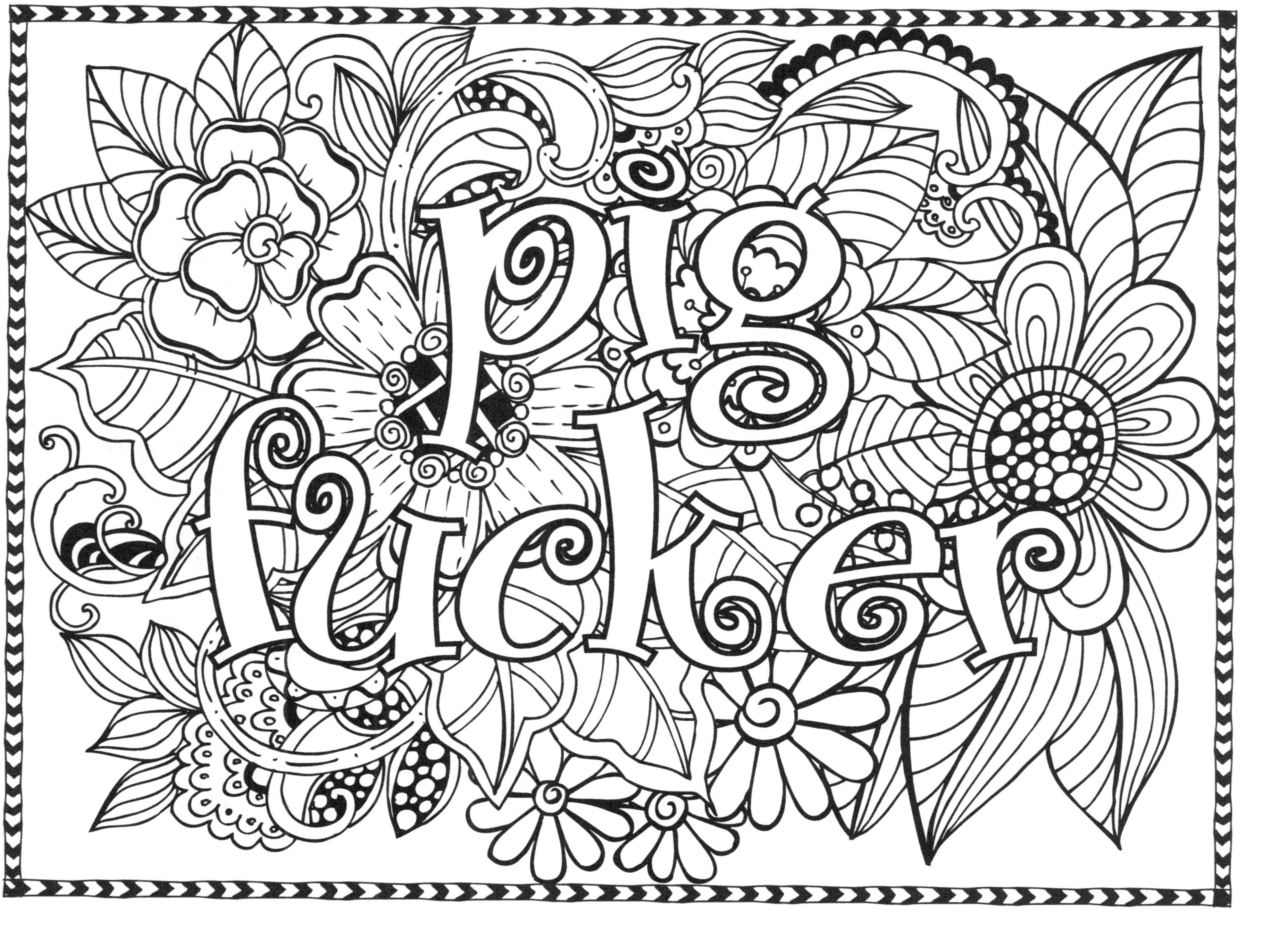
pig
fucker

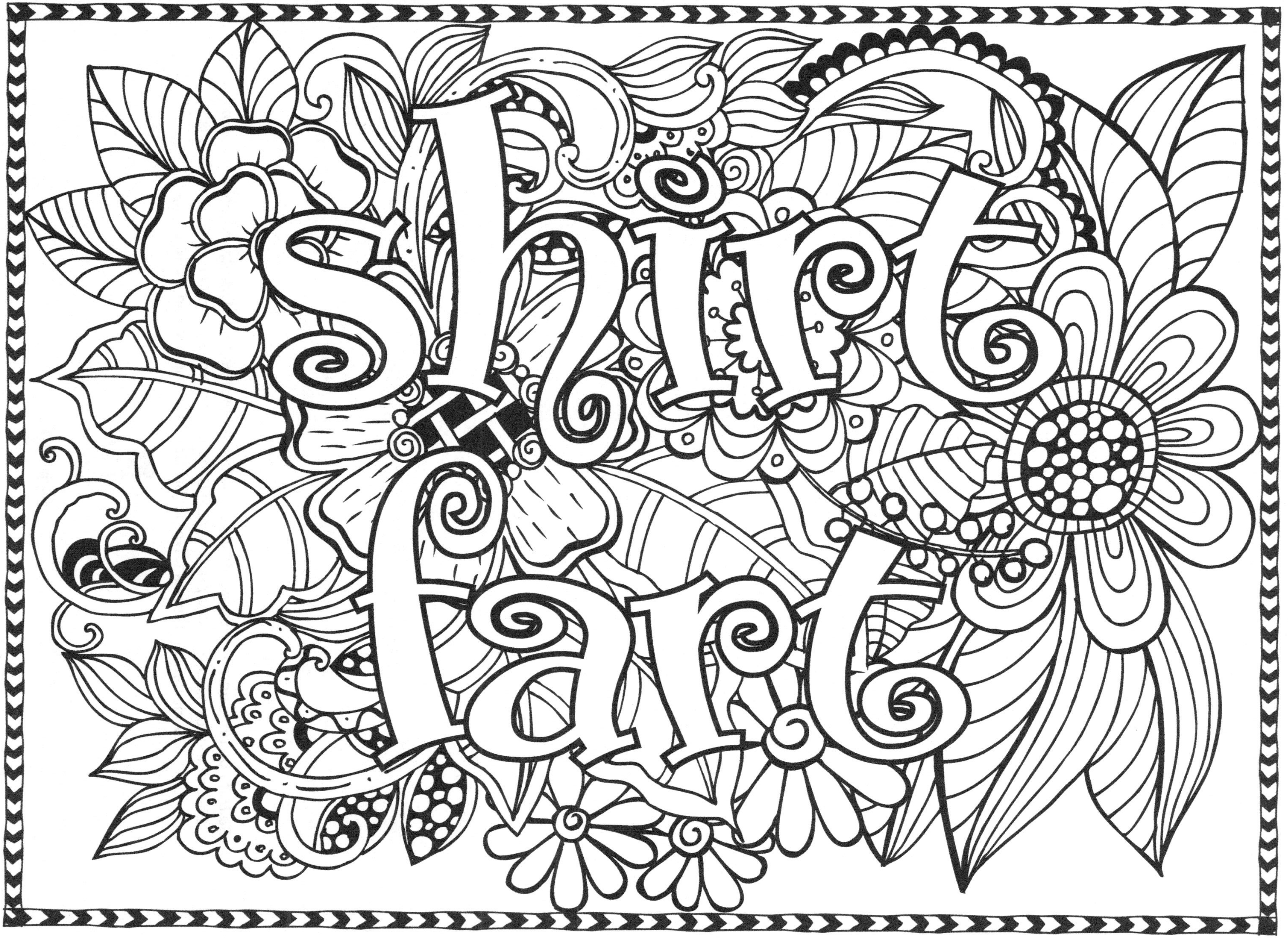
shirt
fart

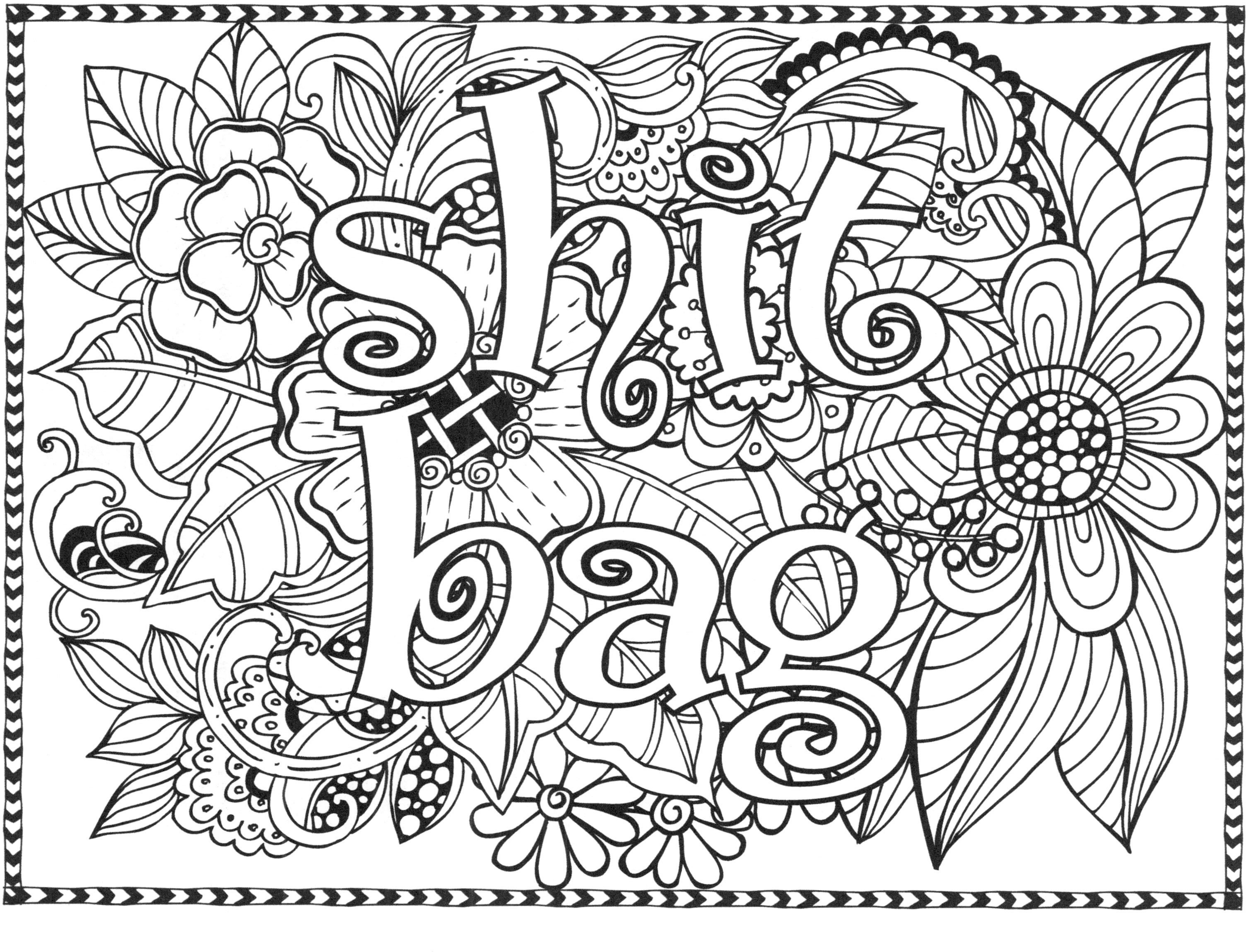
shit
bag

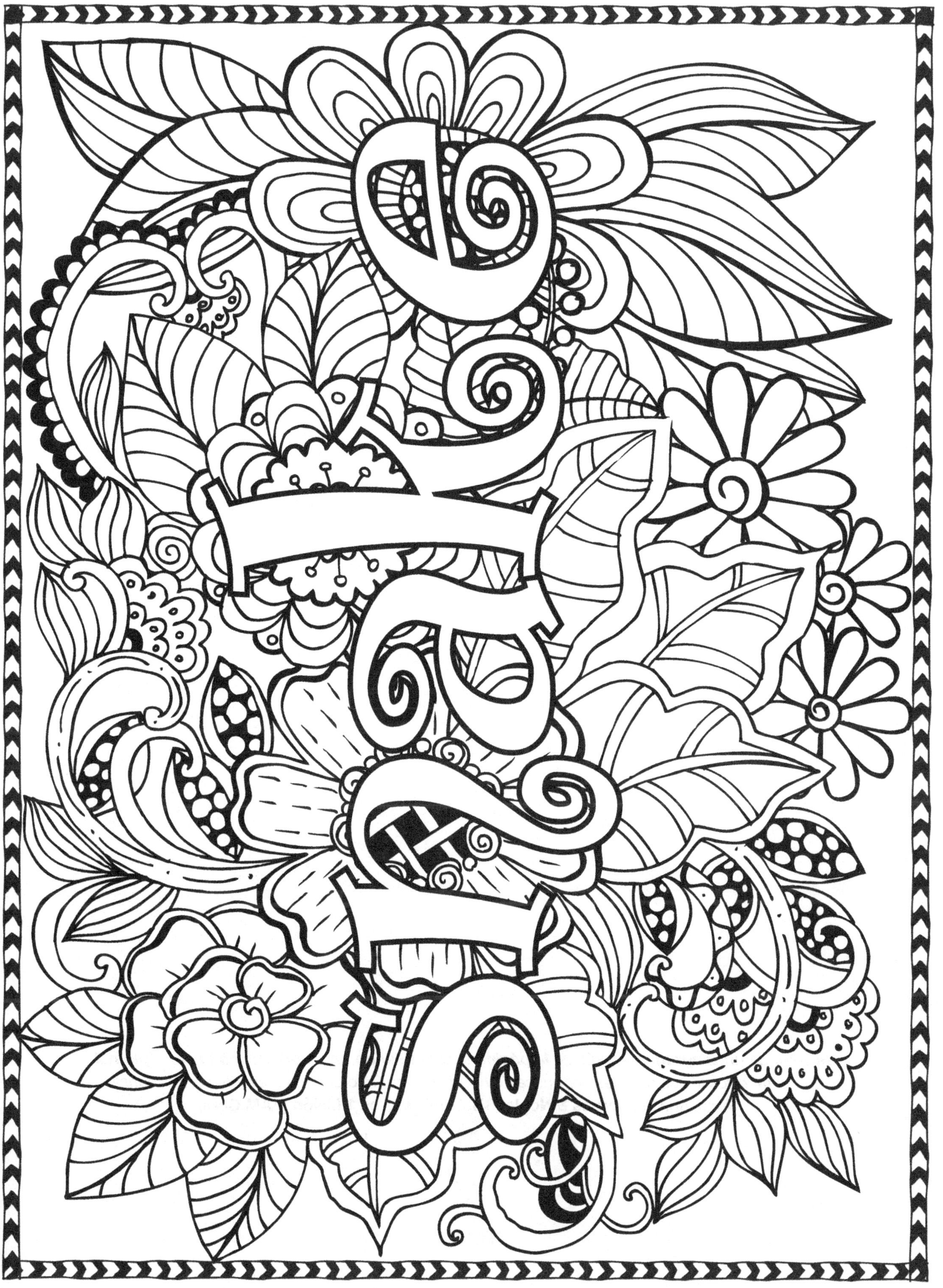
snake

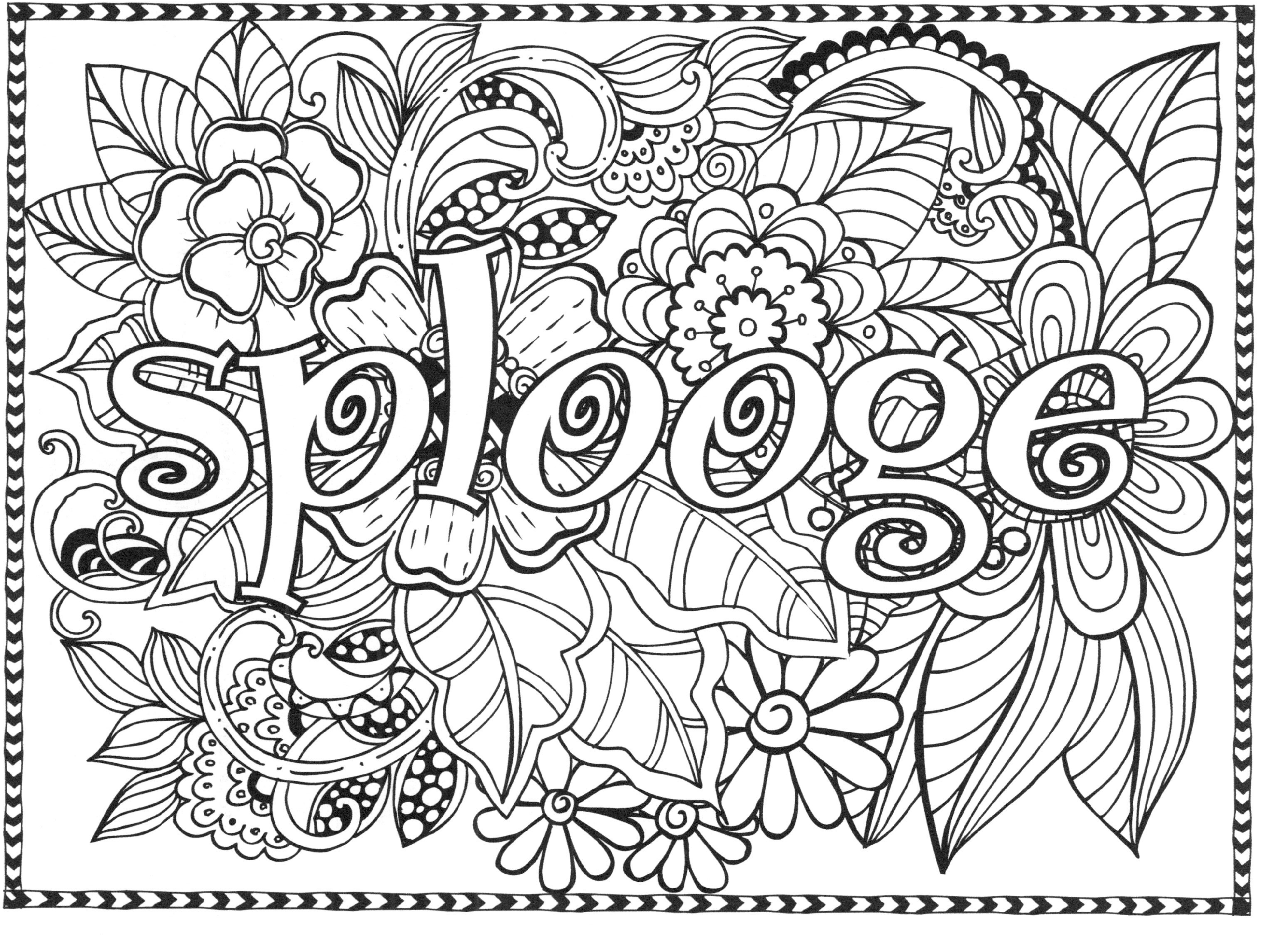
splooge

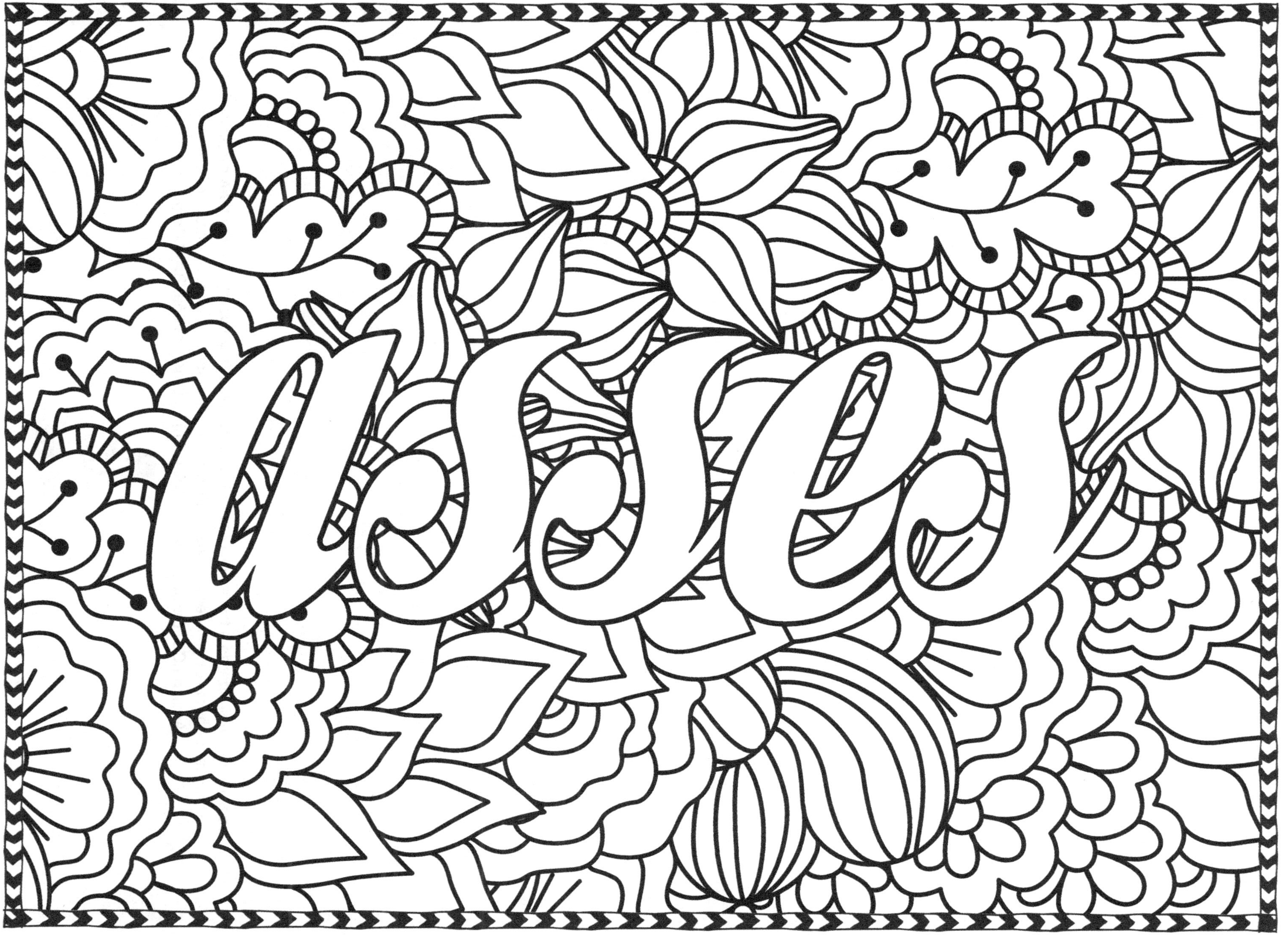
asses

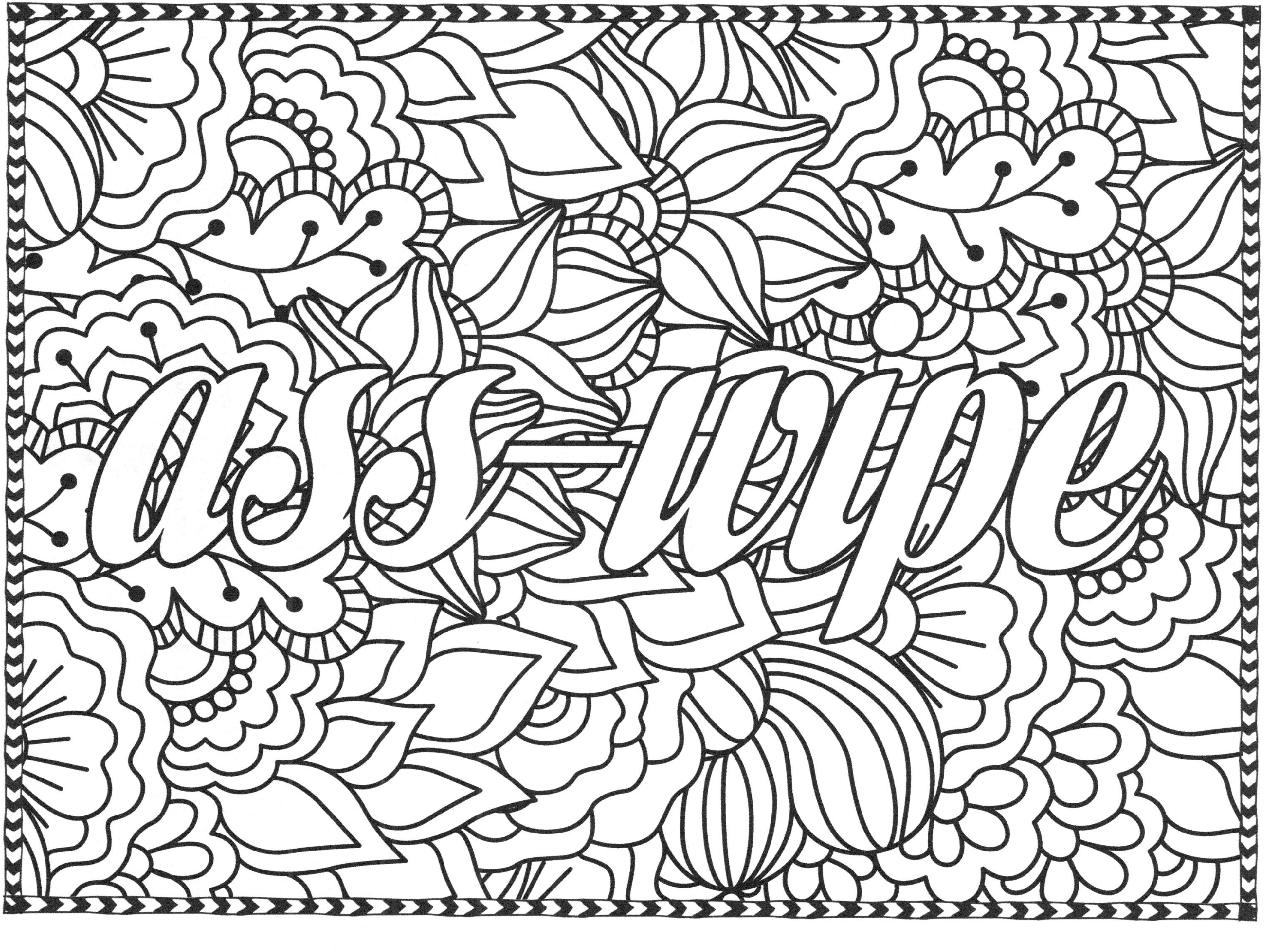
ass-wipe

Se trata de un sangrado a través de la página si está usando un colorante marcador o pluma!

Encontrar otros títulos grandes por busca de Bandido Para Colorear en tu favorito libro minorista

Amazon.Ca | Barnes & Noble (BN.Com) | Libros 1 Millón (BAM.Com)

COLORING BANDIT

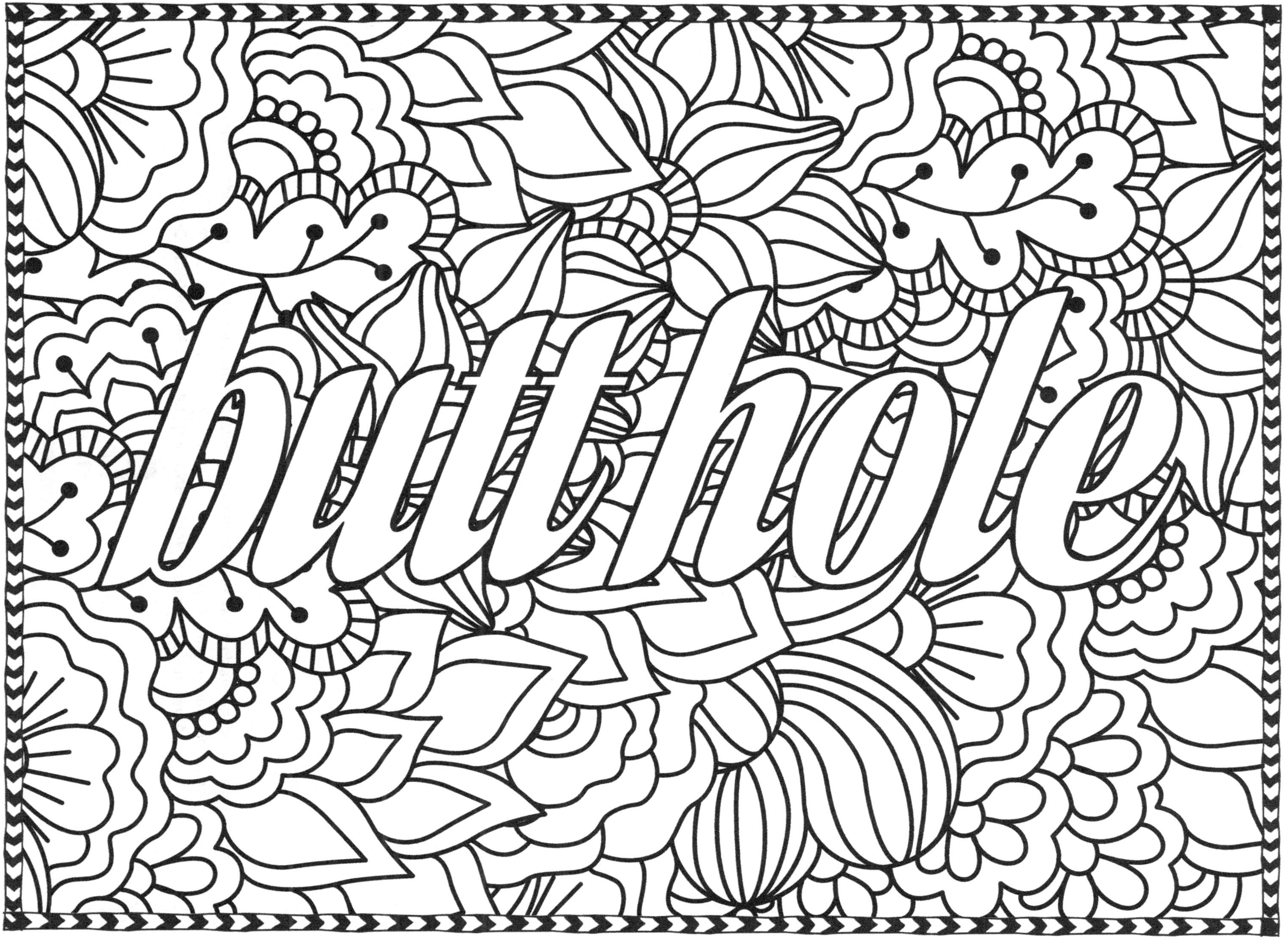
butthole

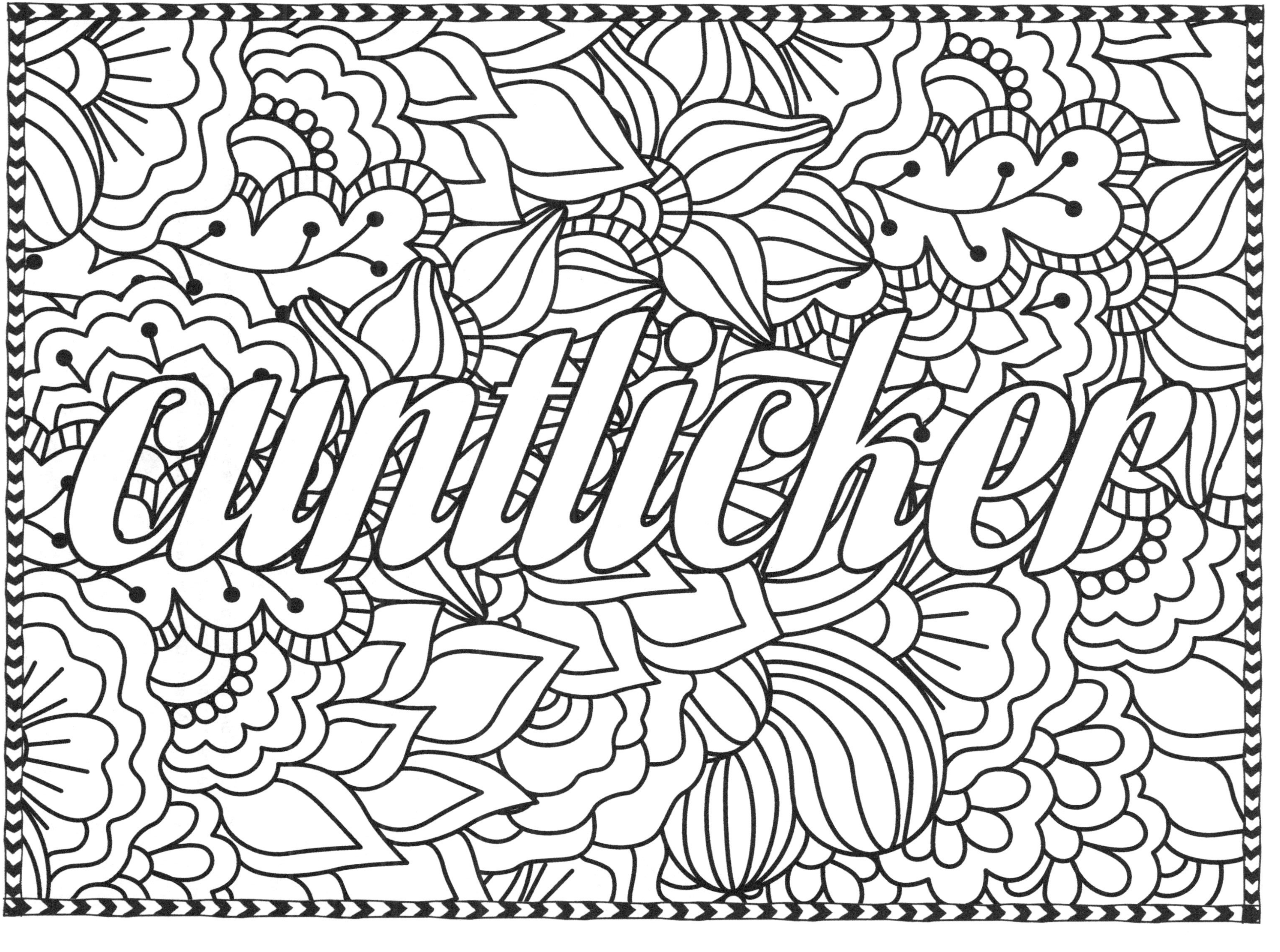
cuntlicker

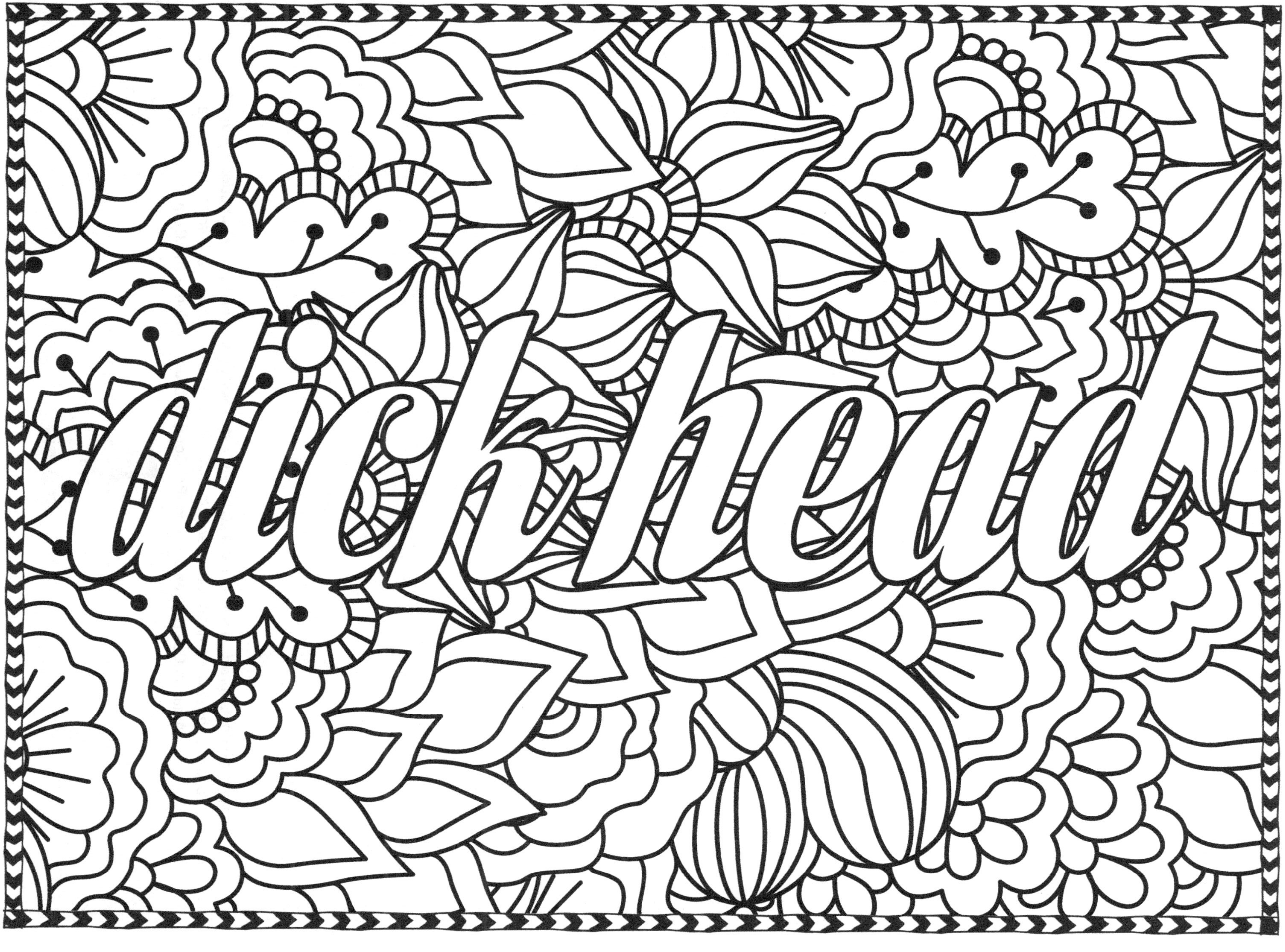
dick head

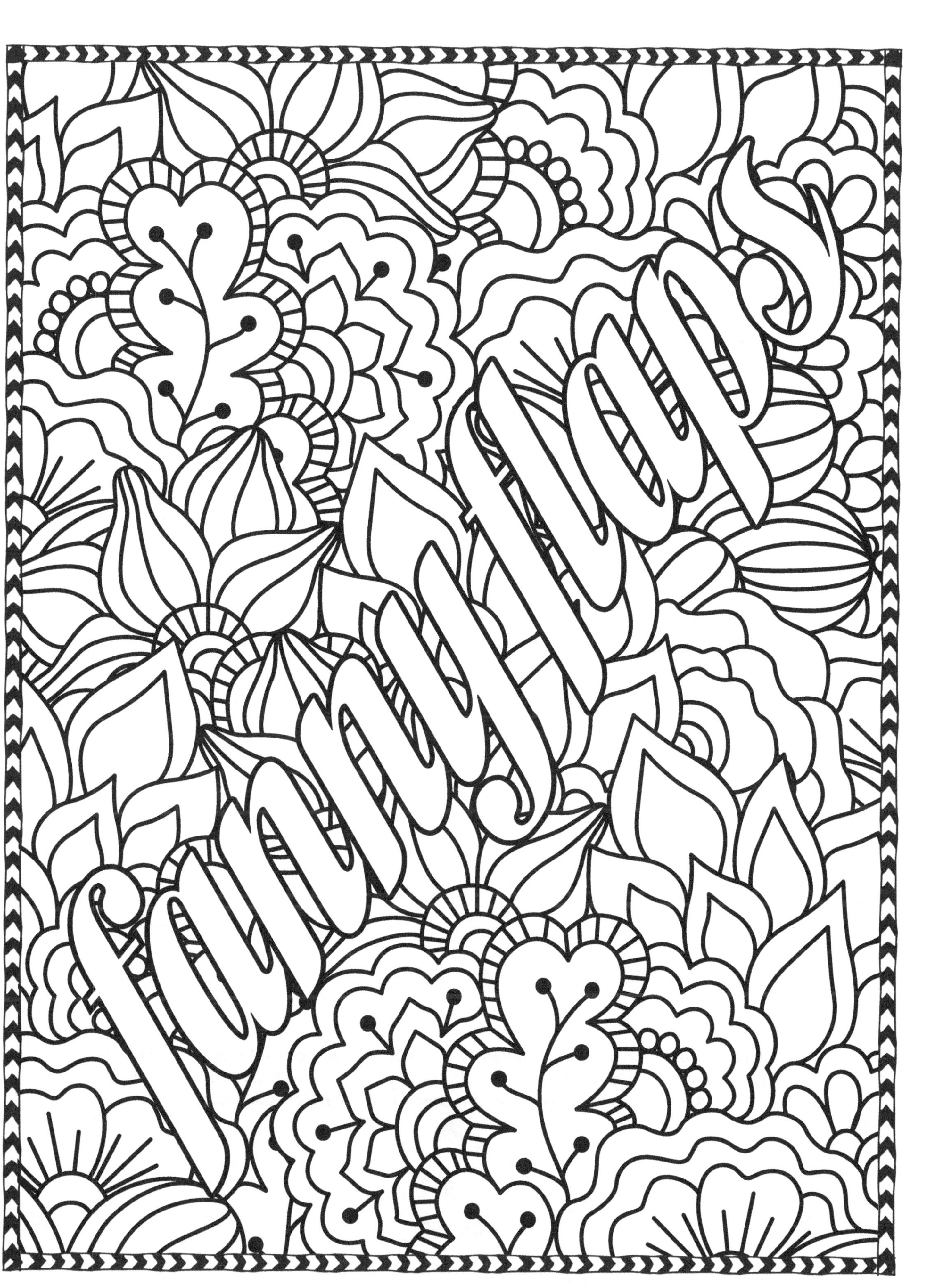
fucknuggets

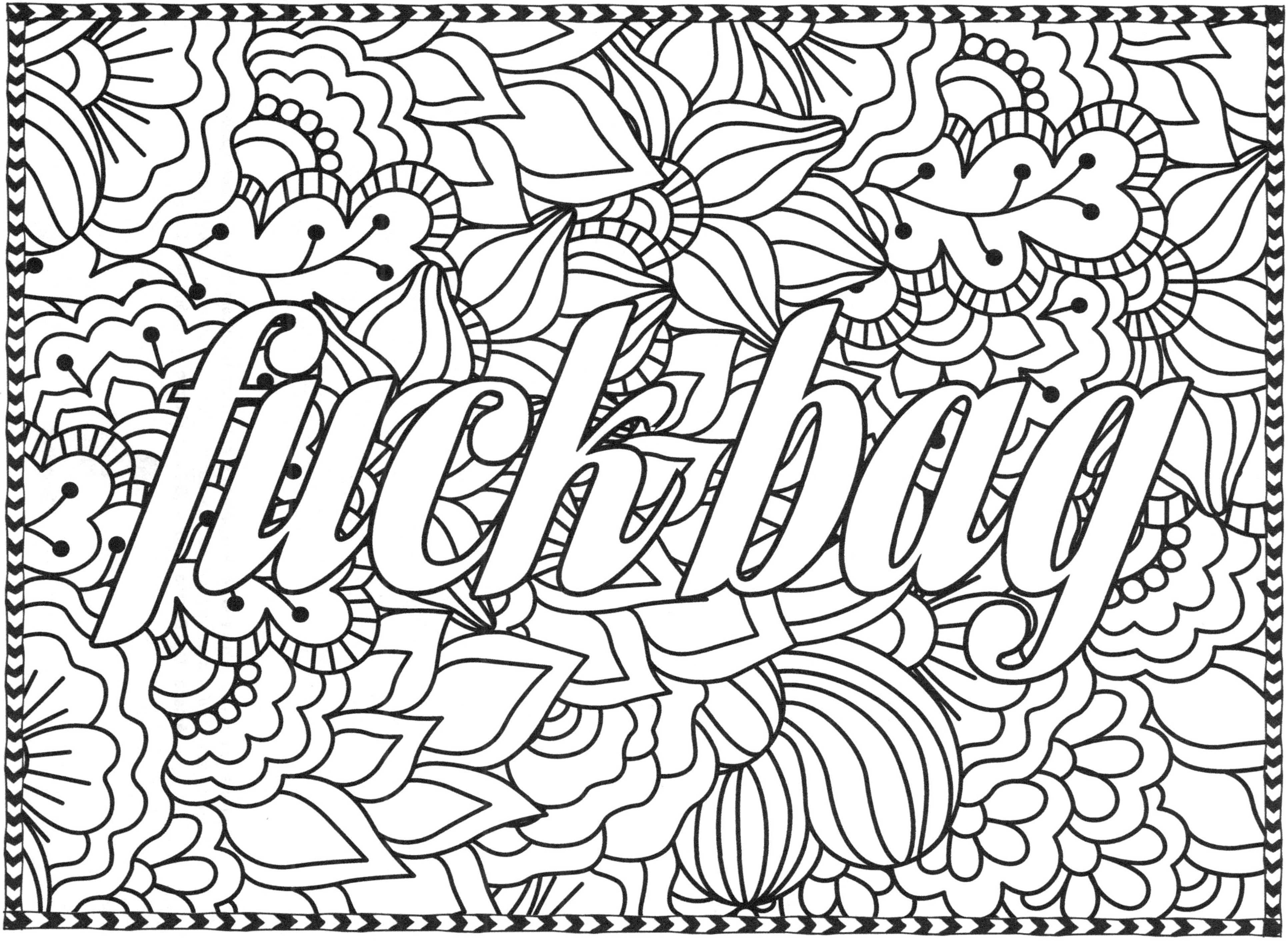
fuckbag

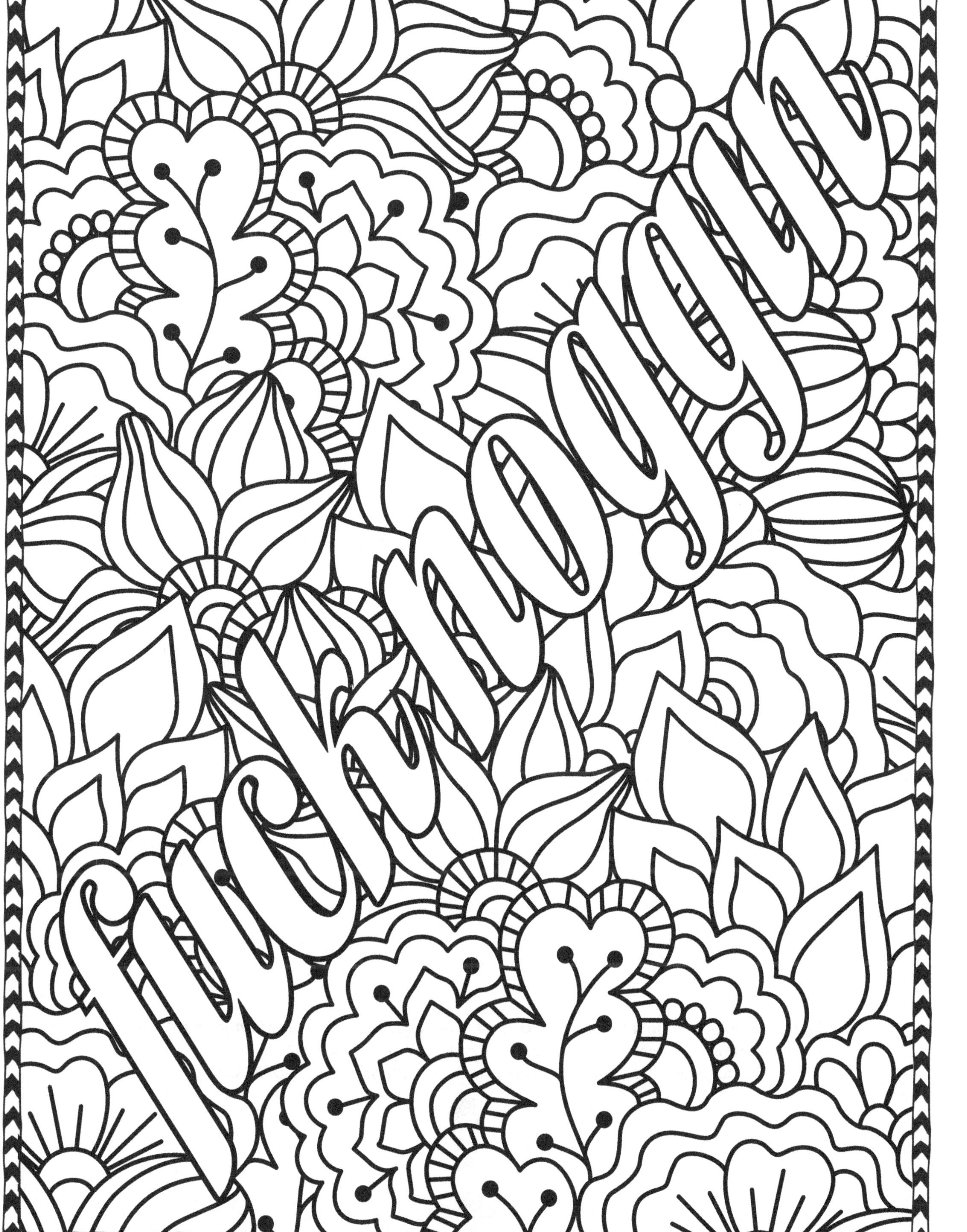

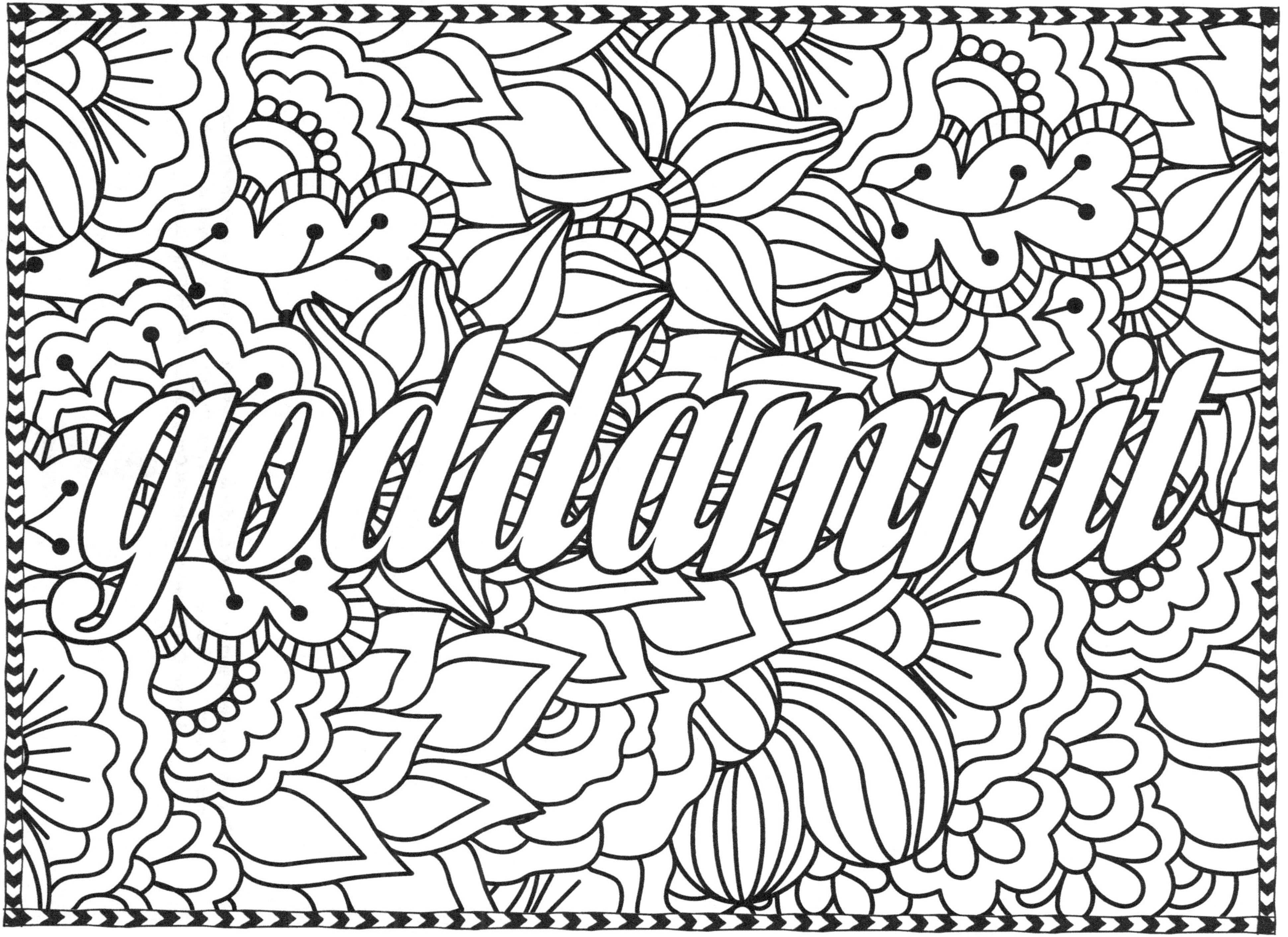
goddamnit

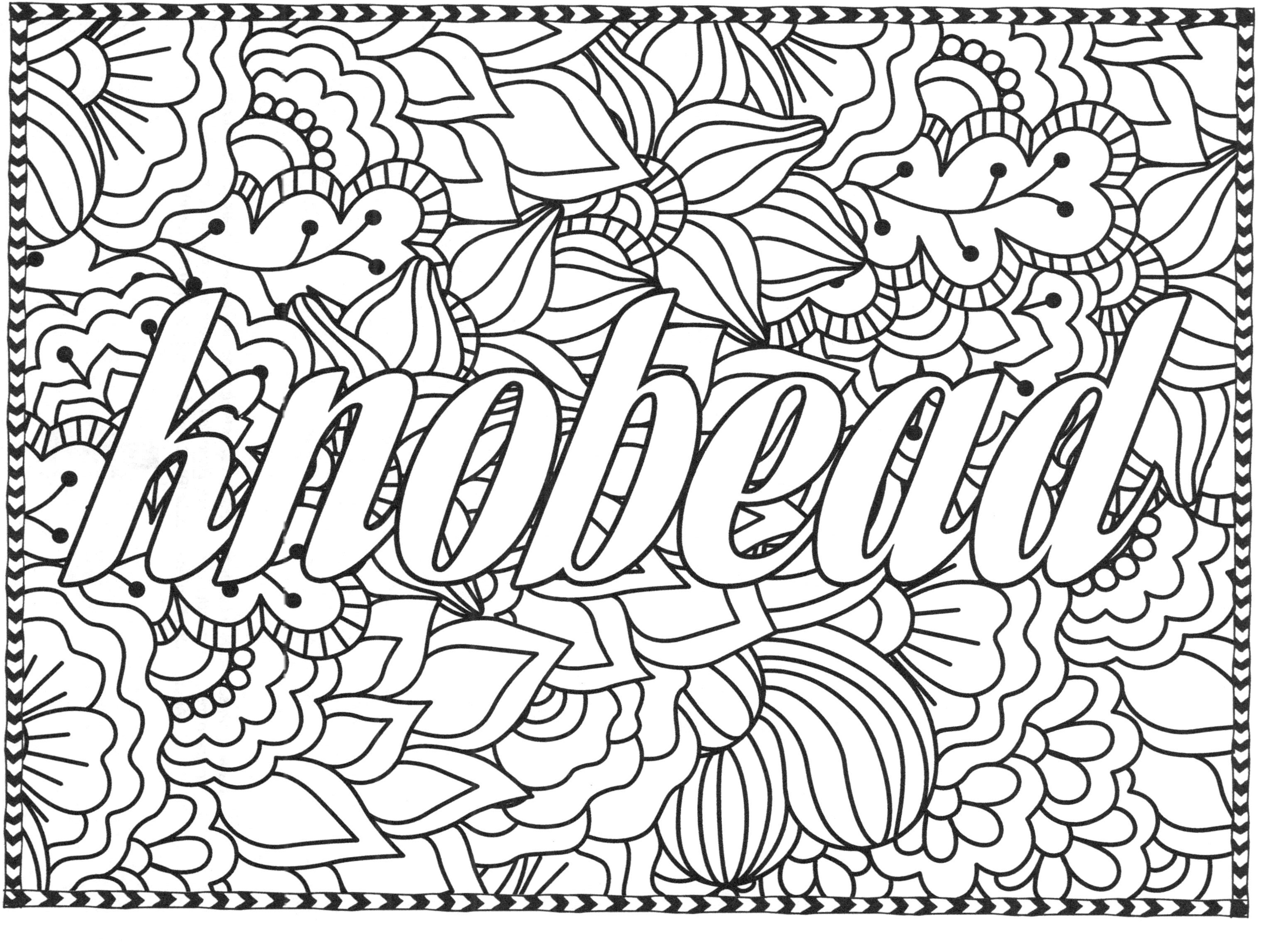
knobhead

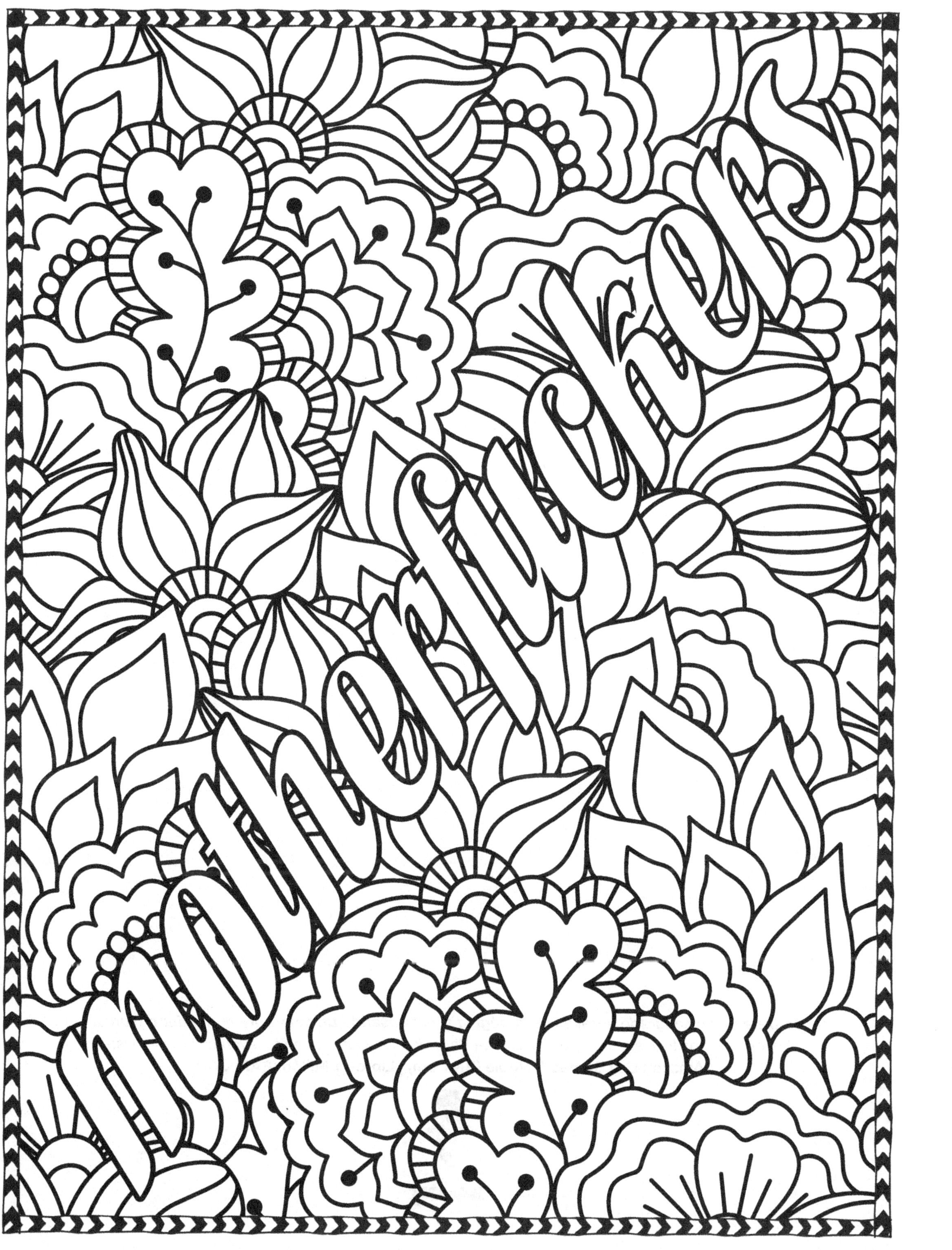
motherfuckers

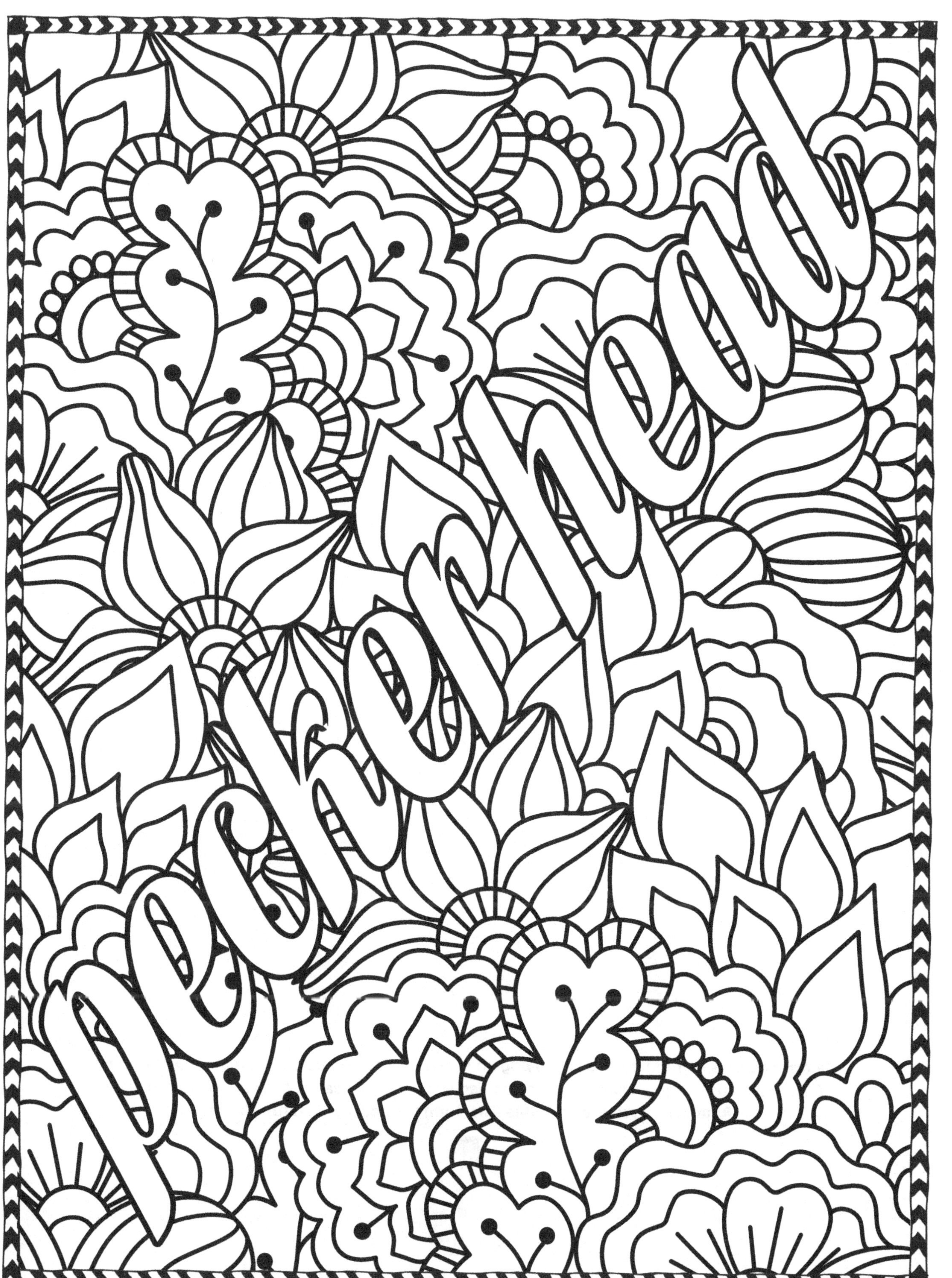
peckerhead

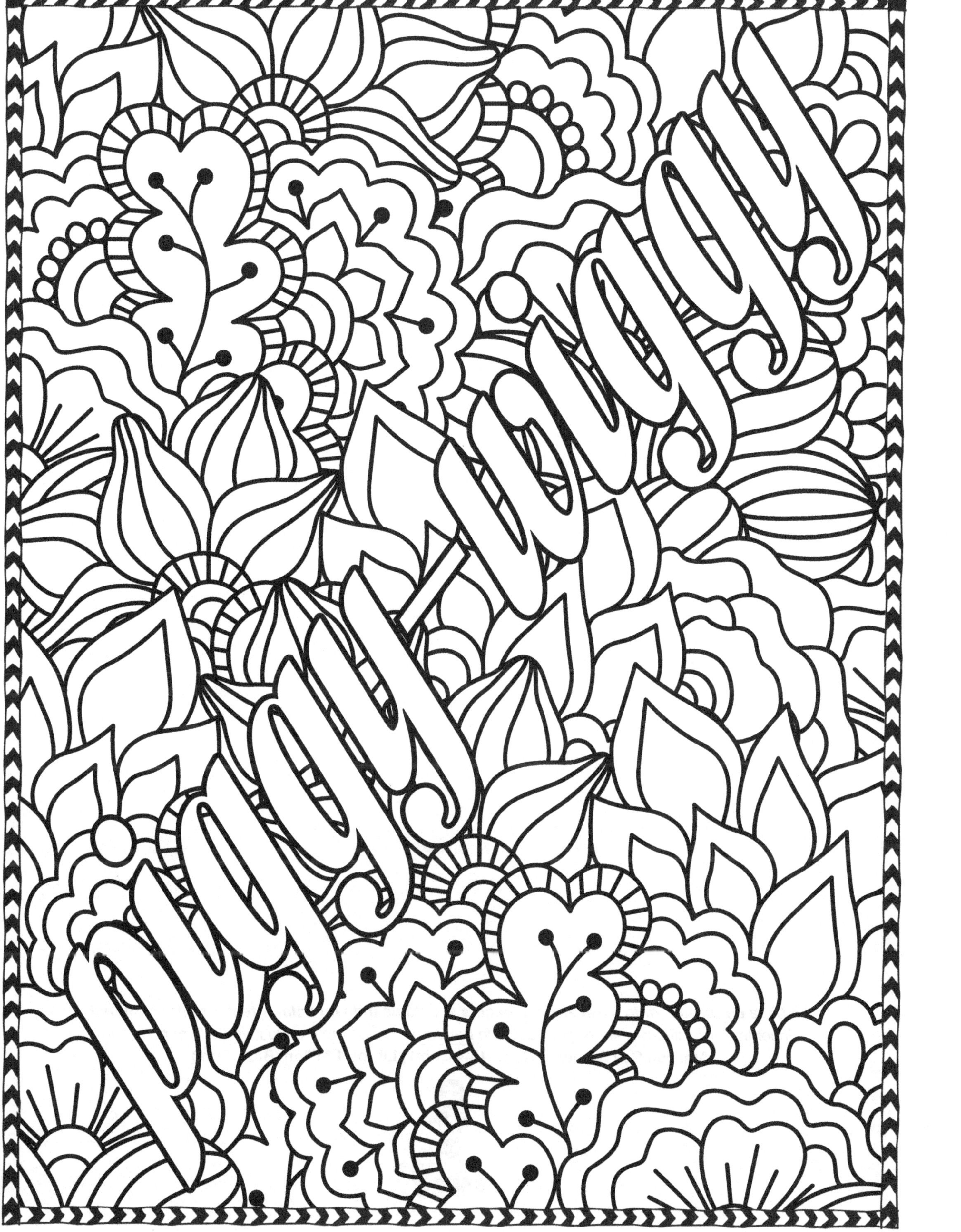

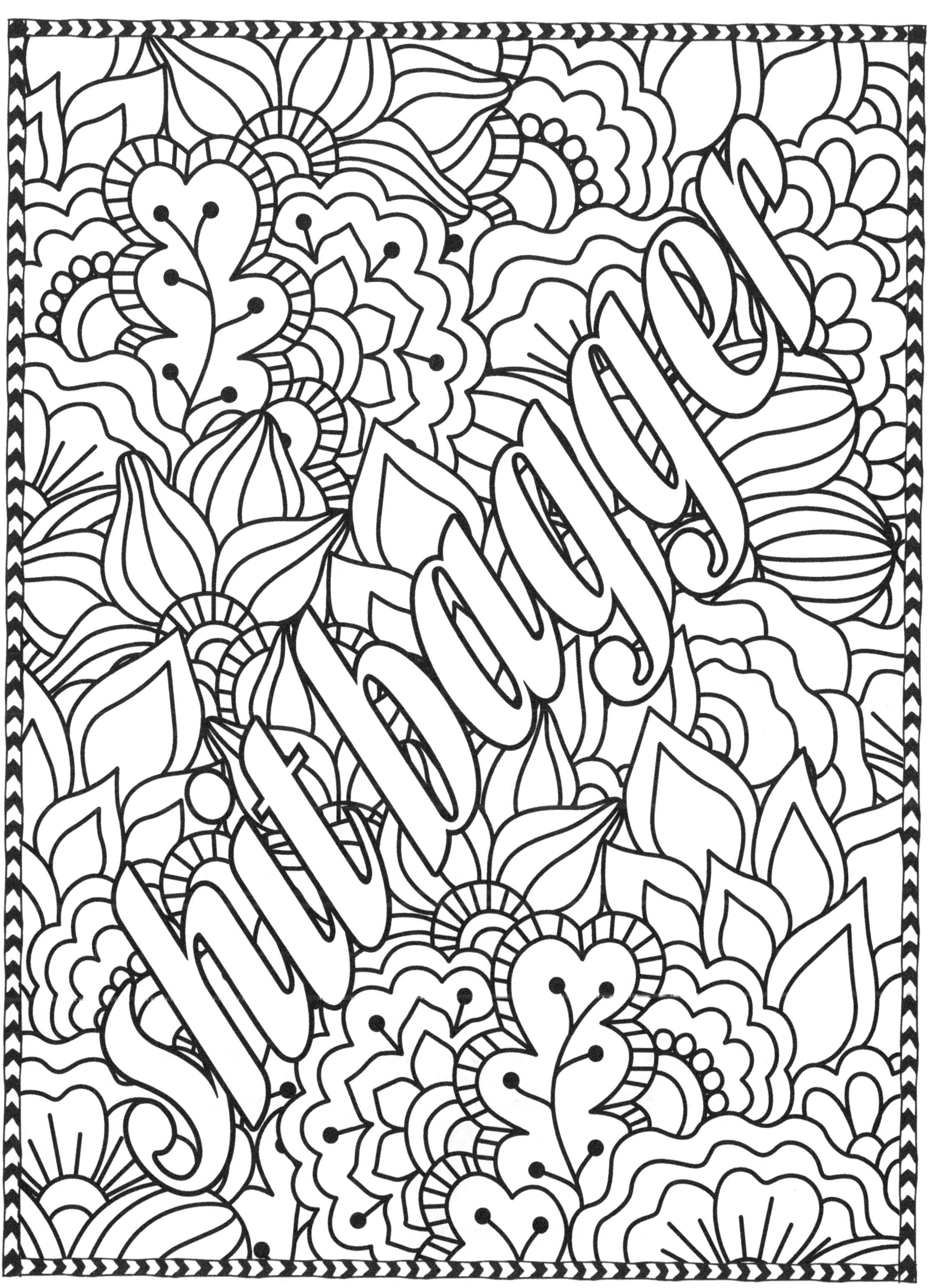
shitburger

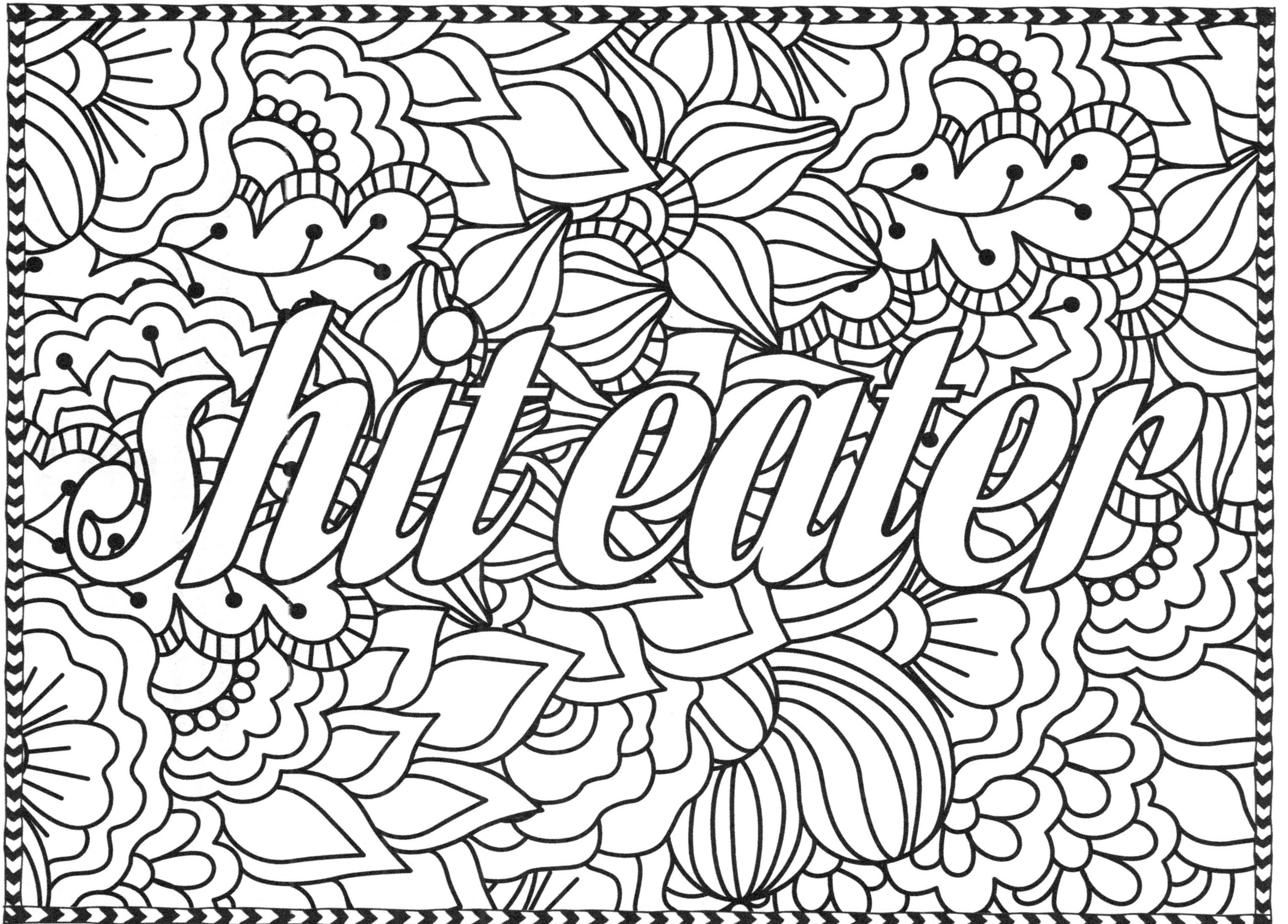
shit eater

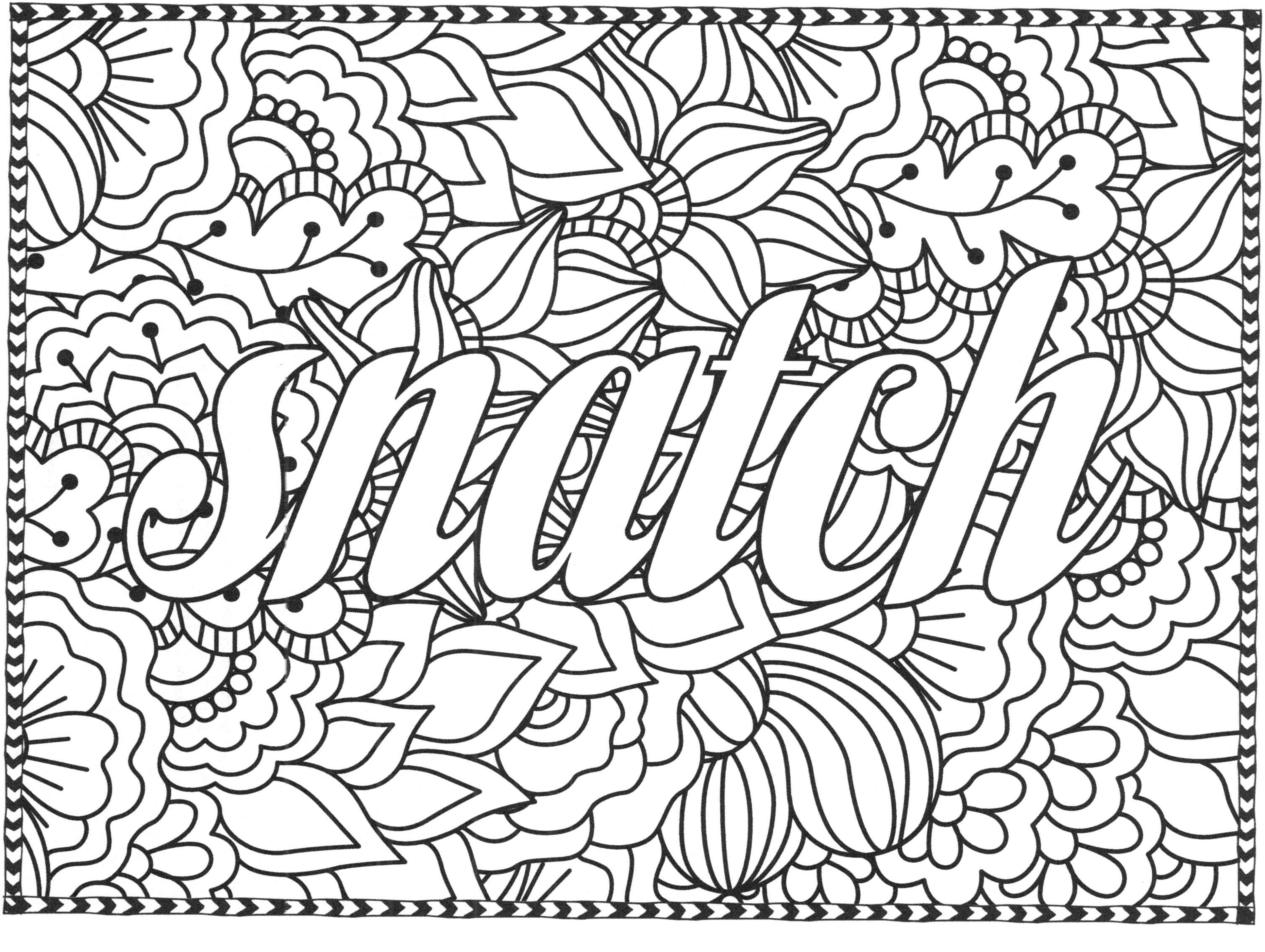
Snatch

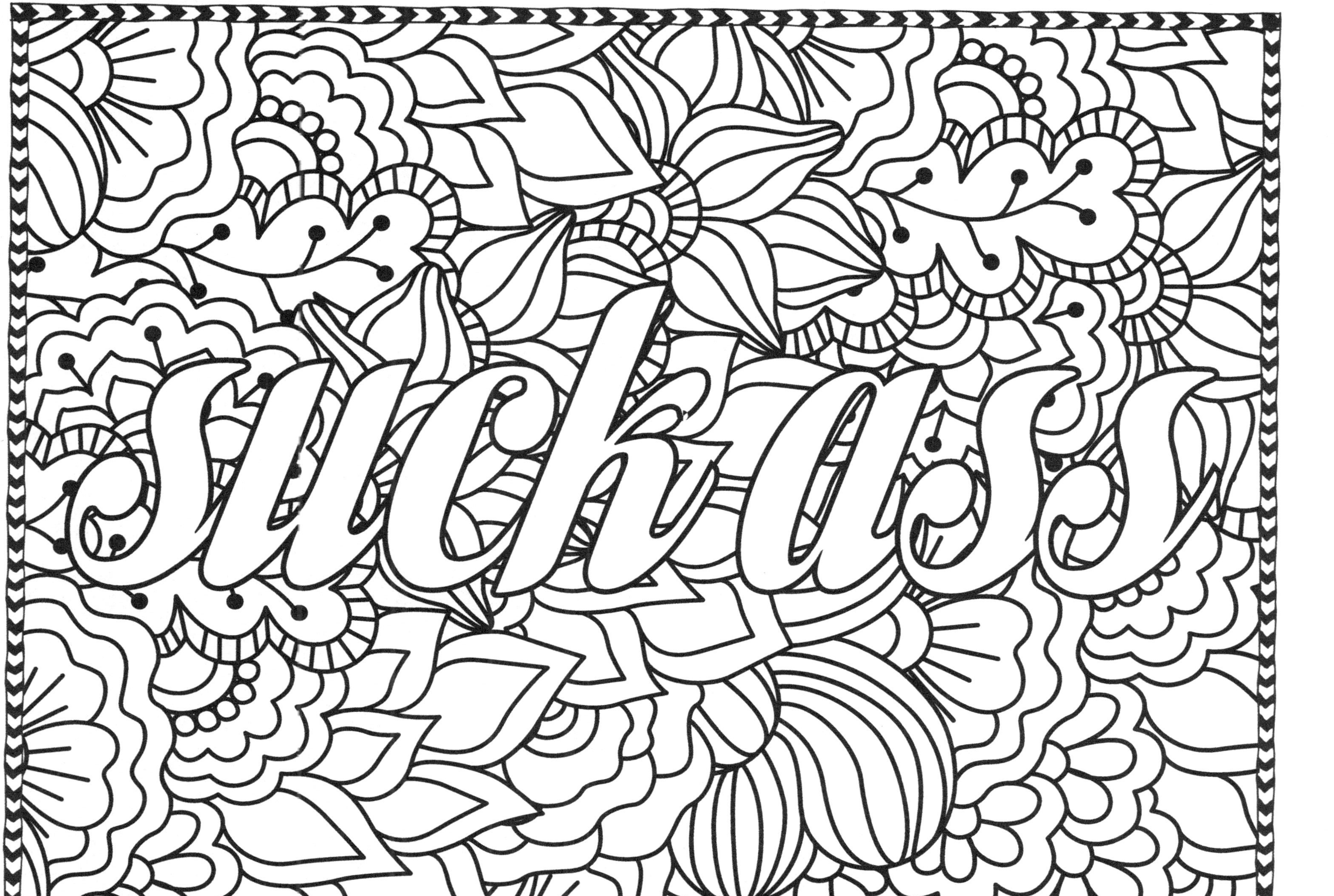
suck ass

Made in the USA
Monee, IL
07 July 2026

56545650R00059